JN081607

会計事務所の経営支援

経営会計専門家の仕事

澤邉紀生・吉永　茂 著
Sawabe Norio　Yoshinaga Shigeru

中央経済社

はじめに

今日，我が国の中小企業の多くは，以下の３つの経営課題に直面している。

① 円滑な事業承継

② 企業の収益性の向上

③ 自社に合った経営管理の仕組み作り

経営管理の仕組みが構築され，トップの強いリーダーシップの下で全社員が共同体意識を持って日々の業務に励めば，自ずと企業の収益性は向上し，その結果，親族内承継やM&Ａによる承継も進むことになる。

しかし，大企業と違って，経営資源に限りのある中小企業がこの取組みを自社だけで完結させるのは容易ではない。経営者の最も身近な専門家である税理士，公認会計士（経営会計専門家）の支援が不可欠である。

今般の「新型コロナウイルス感染症」の広がりにより，上記３つの経営課題解決の必要性と緊急度は全国的に高まっている。今こそ，すべての経営会計専門家は，「税務」，「監査」といった独占業務の専業から経営支援業務へも軸足を拡張し，地域経済の活性化に貢献すべきである。

本書は，経営を支援してきた実務家と会計学の研究者による共著である。企業のわかりやすい実例を通じて，実践的なノウハウだけでなく理論的な考え方の基礎も学んでいただける構成になっている。経営会計専門家だけでなく中小企業のオーナーの方や金融機関の方々等にも読んでいただきたい。

経営改善に何らかのヒントを与えることができれば，著者としてこれに勝る喜びはない。

本書は，企画段階から，京都大学経営管理大学院管理会計（日本経営会計専門家協会）寄附講座や一般社団法人日本経営会計専門家協会の関係者をはじめとする多くの実務家や研究者の方々にご協力いただいた。特に，巻末に事務所・企業名を掲載している経営会計専門家には，本書の事例について情報を提供していただいた。さらに，本書の企画，編集を担当いただいた中央経済社の田邉一正氏と福谷早苗氏のご協力がなければ本書が日の目を見ることはなかった。これらの方々に，この場を借りて，心よりの感謝を申し上げる。

2020年 8 月

吉永　茂

目　　次

第4章

任せる経営
—フランチャイジーの事例—

第5章

努力と成果の「見える化」
―食肉冷凍加工食品卸・小売業N社の事例―

第6章

中小企業のブランディング
―美容室の事例―

第7章

企業再生(オーナーシップの交代)
—スポーツクラブの事例—

第8章

事業承継の準備
—診療所の事例—

第9章

経営者の突然の逝去に対応したダメージコントロール
—造園業の事例—

第10章

中小企業のガバナンス
—建築業の事例—

第1章 経営者に寄り添う経営会計専門家という職業

1　中小企業の経営者に最も身近な相談相手は顧問税理士・会計士

経営者が経営課題について相談したいと思ったとき，まず誰に相談するか，近年のさまざまな調査によって，経営者の相談相手としての会計専門家の役割が明らかにされている。たとえば，野村総研の調査[1]では，経営に関する知識を得る先として，１番目の相談相手は顧問税理士等の会計専門家である。また，事業承継に関する相談においても顧問税理士等の会計専門家が１番の相談相手となっている（**図表１－１**）。

メインバンクシステムとして知られるように，かつて中小企業経営者の相談相手は金融機関であった。しかし，日本経済が成熟しテクノロジーが発達したことによって，中小企業経営者とメインバンクとの日常的な接触機会は長期的に減少してきた。かつてはメインバンク担当者と毎月のように顔を合わせる機会があったが，預金獲得競争が繰り広げられていた高度成長期とは様変わりして今日では集金の必要性そのものが低下し，オンラインバンキングなどテクノロジーの発達によって担当者が中小企業を訪問する機会も減少している。そのため，集金のついでに経営者の悩みを聞くような日常的機会が少なくなってしまっている。効率化を進めたことによって，顔を合わせる機会が少なくなり，経営者との距離が遠くなってしまったのである。

図表１－１　経営者の相談相手

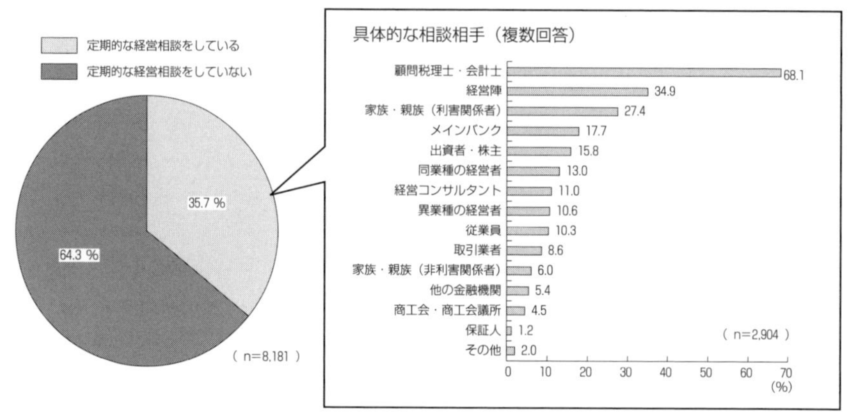

（出所）『中小企業白書（2012年版）』。

それに対して，会計事務所業界は，規模の経済性を追求し効率化を進めるような動きから取り残されてきた。寡占化が著しく進んでいる監査市場とは対照的に，税務を中心とした会計事務所は全国に３万事務所弱ほど存在し，その多くは小規模事務所である。厳しい規制によって規模の拡大が制限されていたという経緯や，税務という経営者のプライベートな領域にも関わる繊細な業務であることもあって，会計事務所業界では手間暇のかかる業務慣行が続けられている。たとえば，多くの会計事務所では担当者が中小企業を毎月訪問する習慣が残っている。このような一見すると非効率的な業務が温存されてきたことによって，経営者と日常的に顔を合わせその悩みを聞く機会を会計事務所は有している。

経営者にもっとも近い経営の専門家という立ち位置にあるのが会計事務所である。しかし，中小企業の現状をみる限り，会計専門家が中小企業の経営支援に十分成功しているとは言いがたい。本書の目的は，経営者にもっとも近い経営の専門家という立ち位置を，事務所経営の戦略的ポジションとして活用してもらう筋道を示すことにある。会計事務所が，本当の意味で経営者の相談相手となることで，顧客企業の成長・発展を支え，地域の雇用基盤を守り，それによって事務所自体の繁栄を実現する。そのためには，会計事務所の仕事を再定義する必要がある。本書では，会計事務所の所員が経営者の悩みとどう向き合えるのか，９つの実例を紹介することで，会計事務所で働くこととはどういうことか再定義する。

2　中小企業の大廃業時代

1990年代後半には500万社以上存在した中小企業は，直近では350万社を割るまでになっている。また，中小企業経営者の高齢化が進んでおり，経営者年齢別にみると1995年には47歳であったピーク年齢が，2015年には66歳となっている（**図表１－２**）。経営者の新陳代謝が進んでおらず，このままでは団塊世代経営者の引退とともに廃業する中小企業が大量に発生すると危惧されている。

ゴーイング・コンサーンである企業が，経営者の引退によって寿命が尽きてしまうのは奇妙な話である。もちろん主力製品の市場がライフサイクルの終焉を迎えることによって，企業がその寿命を終えることは珍しくない。起業率・廃業率ともに高い多産多死型のビジネスエコシステムであれば企業の寿命は人間の寿命よりも短くなる。しかし，100年以上の社歴を誇る企業が世界のなかで最も多く，継続を美徳とする日本社会において中小企業が廃業を迫られるの

図表１－２　年代別に見た中小企業の経営者年齢の分布

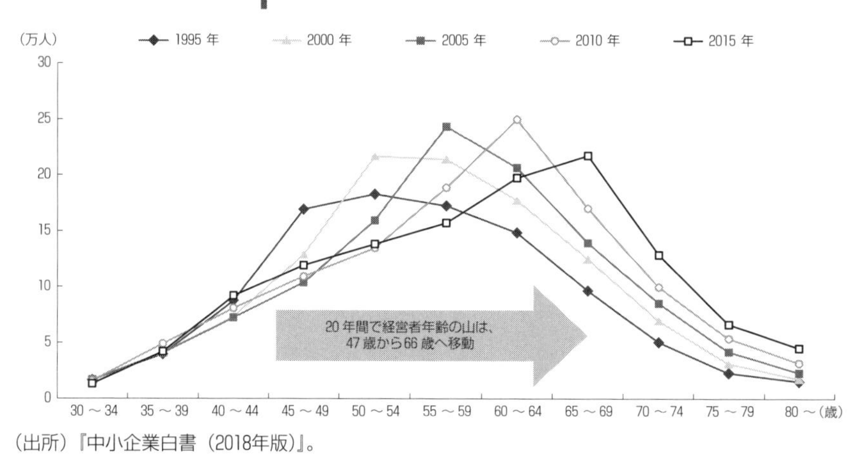

（出所）『中小企業白書（2018年版）』。

はひとえに後継者がいないからである。親族内に後継者を見つけることが難しい主要な理由は，苦労の割に中小企業の経営者は報われない（と思われている）からである。

その背景には，中小企業の利益率の低さがある。2014年のデータであるが，『中小企業白書』によれば大企業の経常利益率の平均が4.34％であるのに対して，中小企業は3.48％であり，その7割弱は赤字である。その一方で，規模は小さくとも高い利益率を誇る中小企業も少なくない。中小企業の3割は大企業平均よりも高い利益率を実現している。つまり，多様性を特徴とする中小企業のなかには少数の高い利益率を実現している優良企業と，低い利益率のため事業継続に赤信号が点滅している多数の企業が存在する。

図表1－3と**1－4**は，それぞれ横軸に売上高経常利益率と自己資本比率をとって，大企業の平均値と比較することで，中小企業の分類を行ったものである。経常利益率は企業の稼ぐ力を示す指標であり，自己資本比率は企業の体力を財務的健全性という観点から示す指標である。体力も稼ぐ力も大企業に比べ劣っている中小企業が半分以上を占めるが，3割の中小企業は稼ぐ力で，5割近い中小企業が自己資本比率で示される体力で，大企業の平均よりも上であることが図表1－3と1－4から読み取ることができる。

図表1－3　中小企業の売上高経常利益率

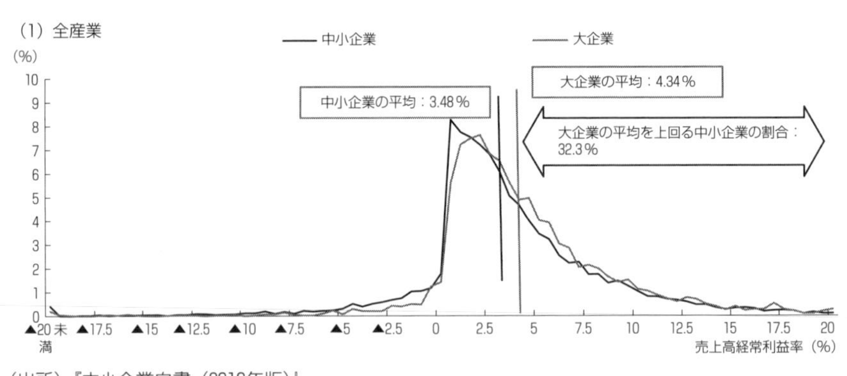

（出所）『中小企業白書（2016年版）』。

図表１－４ ┃ 中小企業の自己資本比率

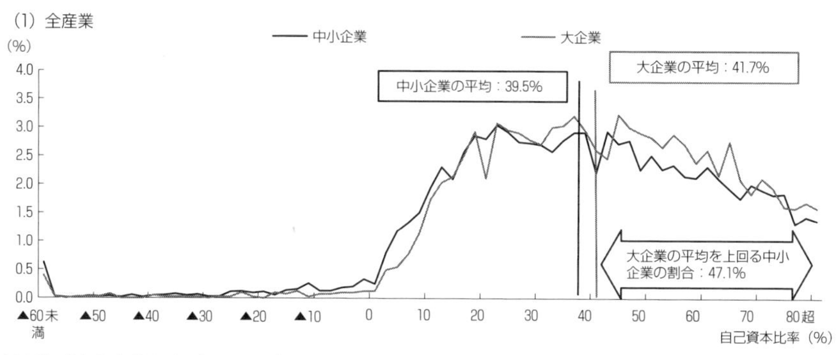

（出所）『中小企業白書（2016年版）』。

3　節税だけが会計（専門家）の役割ではない

多くの中小企業が低い利益率に悩まされている原因は多岐にわたるが，その大きな原因の１つが，会計事務所が経営者の悩みに答えることができておらず，会計が経営に十分に活用されていないからだとわれわれは考えている。

経営のための会計といってもピンとこない経営者も少なくないのが日本の現状である。中小企業にとって会計と言えば税務会計であり，会計専門家といえば税理士であることが一般的である。

経営者が税理士に求めるのは，節税のために課税所得をどうやって小さく見せるかであり，それが会計専門家の腕の見せ所ということになる。しかし，税務会計は経営のための会計のごく一部分でしかない。

経営のための会計の役割は，企業がその社会的使命を十分に果たすことができるよう手助けすることにある。その本丸は，企業を成長させ雇用を守り，経営者や従業員がプライドを持って仕事に打ち込めるようすることである。

節税によって内部留保を増やし，成長に向けた投資ができるようにするなど税務会計も企業経営にとって重要であることは間違いない。しかし，節税のために，本来は生み出されているべき利益が損なわれたり，将来に向けた投資がゆがめられたりするのでは本末転倒である。

4　企業再生に見る会計の役割

税務会計だけが会計だという思い違いのために，会計が企業の成長を阻害してしまっているようなことが多々ある。利益を上げることよりも節税が優先されてしまうため，経営のために会計が活用されることなく，せっかくの優れた技術や営業力が利益に結びつかない現状が見えてくる。経営に会計が役立つ姿を顕著に見ることができるのは，企業再生である。

大企業の事例でいえば，2010年に経営破綻した日本航空が，京セラの稲盛和夫名誉会長の強いリーダーシップの下でアメーバ経営という経営手法を用いて劇的な再生を遂げたことは記憶に新しい。アメーバ経営は経営理念と管理会計（部門別採算制度）を両輪とした経営手法である。日本航空の再生事例では，不採算路線の廃止やリストラなどから得られる効果をはるかに上回る成果がアメーバ経営の導入によって得られている（**図表1－5**）。

図表1－5　JAL営業利益の推移（更生計画目標と実績）

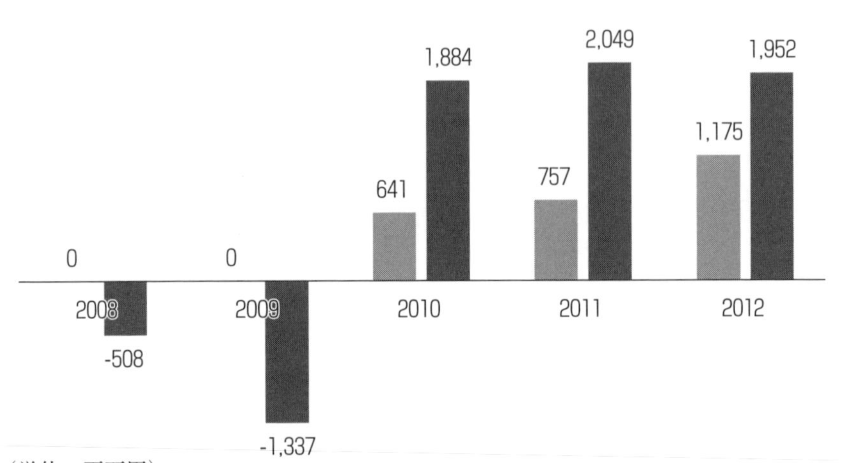

（単位：百万円）

（出所）引頭麻美『JAL再生』日本経済新聞出版社，2013年，38頁。

もともと日本航空には優秀な人材がそろっていた。パイロットや客室乗務員や地上職はいうまでもなく，間接部門においてもプロフェッショナル意識をもってきっちり仕事する職人肌の従業員が多いことで知られていた。

しかし，再生を委ねられた前述の稲盛和夫氏によれば，「経営に責任を持つ人間」がどこにもいなかった[2]。それが経営理念と管理会計を両輪とするアメーバ経営によって，たこつぼ化していた社員が，会社全体での自分の役割を理解し，経営者意識を持って行動するように変貌したと稲盛氏は述べている。日本航空の再生事例は管理会計をどのように活用すべきか多くの示唆を与えてくれている。

実は，中小企業の多くも，管理会計を活用して企業再生に成功している。中小企業再生支援協議会によれば，その支援を受けて再生に取り組んでいる企業の6割弱（6,991/12,237社，2017年6月までの累積数）が，管理会計手法の導入によって経営改善を図っている。多くの事例を通じて，比較的シンプルな管理会計技法を活用することで，企業の業績が長く経営に苦しみ事実上の経営破綻状態にあったような企業が再生に成功していることがわかってきている。少なくとも企業再生において管理会計が経営改善に役立っていることは疑いない。

5　管理会計能力と中小企業の財務業績

かつては学界においても管理会計は規模の大きな企業にとっては重要だが，中小企業にとってはそれほど役に立たないという見解が主流であった。中小企業にとっては経営者の経験と勘こそが重要で，会計は不要か，必要であったとしても経営者の頭の中にあるという見解である。少し違う見方では，成長段階別に考えてスタートアップ企業では創業者チームの情熱と創造性こそが重要であり，管理会計が必要になるのは企業が成熟してルールに従った管理が必要になる段階以降のことであるといった主張も行われてきた[3]。

しかし，近年では，中小企業においても管理会計が有用であるといった研究が行われるようになっている。中小企業やスタートアップ企業でも，管理会計を活用することで資源配分を効率的に進めることができ，ビジネスモデルを見直す能力が向上するといった指摘が行われてきている[4]。

われわれが2015年に行った調査では，わが国の中小企業でも，基本的な管理会計能力を高めることで財務業績が改善していることを支持する結果が得られた（澤邉・吉永・市原, 2015）。この調査では，全国の９会計事務所の協力を得て，400社弱の企業について管理会計能力と財務業績に関するデータを収集した。管理会計能力としては，会計システムを利用して目標を設定し，経営計画を立て，経営計画を実行するなかで修正すべき点を見つけ業務を改善し，必要に応じて経営計画そのものを見直す組織的な能力を測定した。つまり，われわれが測定した管理会計能力とは，経営計画を中心に会計的にPDCA（plan, do, check, action）をまわす能力である。分析の結果，経常利益や売上高経常利益率などといった財務業績は管理会計と高い相関関係を持っていることが確認できた（**図表１－６**）。この関係は，企業規模や業種の影響を考慮しても統計学的に成立することが確認できている。

管理会計を活用するから業績がよいという因果関係だけでなく，業績がよいから管理会計を活用するといった逆の因果関係や，管理会計が効果を持つ企業が管理会計を活用し，効果を持たない企業は管理会計を利用しないといった自己選択バイアスの問題など，分析結果の解釈は慎重に行う必要があるが，基本的な管理会計能力が中小企業の財務業績改善に有効であるという結果は，実務

図表１－６　管理会計能力と経常利益

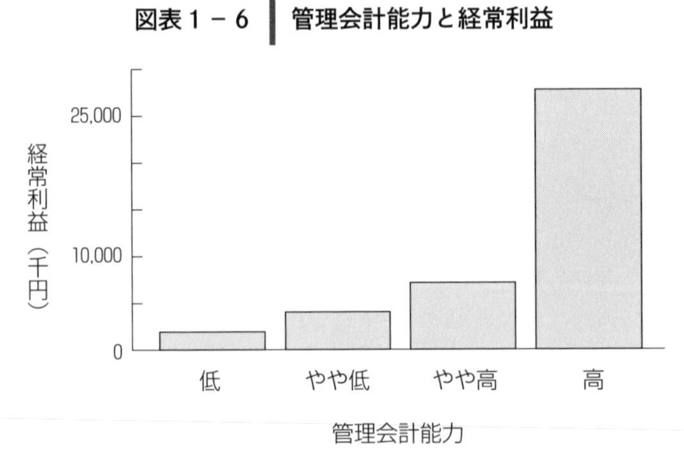

（出所）澤邉紀生・吉永茂・市原勇一『管理会計は財務業績を向上させるのか？－日本の中小企業における管理会計の経済的価値－』『企業会計』第67巻第７号，2015年，97-111頁。

家の直感的理解とも合致している。

6　日本の中小企業経営者が会計を軽視する背景

「会計がわからないで経営ができるか」と述べたのは稲盛和夫京セラ創業者名誉会長である。稲盛名誉会長が指摘しているように，管理会計は中小企業にとっても有用だと理解すべきエビデンスが近年の研究によって蓄積されてきている。だとすると問題は，なぜ多くの中小企業において経営のために会計が活用されていないか，である。

会計学者からすると，事業運営に会計の知識や能力が必要不可欠なのは当たり前のことである。営利であるか非営利であるにかかわらず，事業や組織について責任をもって運営するためには，事業の経済的現実を把握しておかなければならない。事業活動にどれだけの資源が投入されているのか，事業の継続性があるのかどうか，必要な資源を用意できる体力があるのか，こういった現実を正しく認識するために会計知識は必要となる。いくらすばらしい技術をもっていたとしても，資金繰りが滞れば会社は破綻するし，いくら優れた営業力があっても売るたびに損失をだしてしまっては事業を継続することはできない。

ところが，日本では経営に会計が必要であることが十分に理解されていない。2017年の『中小企業白書』によれば，中小企業の半数が経営計画を策定したことがない。とくに高齢のベテラン経営者になればなるほど将来志向的に会計を活用して経営することを軽視する傾向がある。

幸か不幸か，日本では高度成長期という会計的能力がビジネスパーソンにとってそれほど重要ではない時代が続いた。今日，引退の時期を迎えている団塊世代の中小企業経営者の多くは，高度成長期の下で経営を体得してきた。「作れば売れる」という高度成長の下では，こつこつまじめに働けば結果は付いてきた[5]。とくに大企業の下請け企業の場合は，経営の根幹を自社で考える必要がなかった。経営は意思決定の連続であるが，基本的な意思決定問題は「誰に」「何を」「いくらで」「どれだけ」売るかである。下請け企業では，基本的意思決定問題はすべて大企業の方が判断していた。つまり，基本的なところで経営を考える必要がなかったのである。基本的な経営意思決定は大企業に委ね，その代わりに品質や納期，コストのコントロールに集中すればよかったのである。

7　経営がわかる会計専門家（経営会計専門家）の必要性

多くの中小企業において会計が経営のために活用されていないのは，上記の意味で経営が不要であった時代に育った経営者が管理会計の重要性を理解する機会がなかったためである。しかし，今日の経営環境では中小企業といえども基本的な経営意思決定が求められるようになっている。グローバル化が進み下請けからの脱却を進めなければならない経営環境では，まじめにコツコツと努力することだけでなく，「何」をまじめにコツコツ努力するか自ら意思決定しなければならない。過去の延長線上に未来を前提するのではなく，将来のあるべき姿から今何をなすべきかを考える企業が成長する時代となっている。将来のあるべき姿と現実の姿を結びつける経営計画が重要性を増しているのは，このような時代の要請である。

中小企業が，管理会計の専門的知識を備えた従業員を抱えることは難しい。このことは理解できる。しかし，外部専門家を活用することはできるはずである。ところが，そのような外部専門家が社会的に認知された職業としては日本にはこれまで存在しなかった。経営者にとって最も身近な会計専門家である税理士・公認会計士も，それぞれ税務・監査の専門家ではあっても経営のための会計に精通しているわけではない。

現実には，税理士や公認会計士などの会計専門家や，中小企業診断士，あるいは大企業で経験を積んだコンサルタントが，実質的に管理会計の専門家として経営者をサポートしている。しかし，経営を支援する会計専門家を養成するための教育制度や，専門家としての品質保証のしくみはほとんど存在していなかった。このような現状を打破するために，経営支援を主たる業務とする会計事務所や企業の支援を受けて，2017年に一般社団法人日本経営会計専門職協会を設立し，経営を支援する会計専門家，つまり経営会計専門家の養成に向けて取組みをはじめている。

8　本書の構成と活用方法

(1)　9つの事例とその読み方

本書は，このような経営会計専門家養成に向けた取組みの一部として，現実の会計事務所の現場から，経営者の悩みに経営会計専門家がどのように応えることができるのか，9つの実例をもとに紹介するものである。

9つの事例は，著者の1人である吉永茂が代表を務めるコンサル技連の会員である全国の税理士事務所等（巻末参照）の実例に基づいて作成されたものである。実例に基づいているが，匿名性を確保するために，要所要所に脚色をつけていることはご理解いただきたい。

第2章から第10章までの各章毎に1つの事例企業が紹介され，それぞれの事例において税理士事務所の担当者がどのように経営者をサポートしたのか，またすべきであったのかが説明されている。それぞれの事例のなかで，「税理士事務所の担当者として，この状況でどのように経営者に助言すべきか」という「問い」が投げかけられる体裁となっているので，読者はその時点で自分ならばどうしたであろうか考えながら読んでいただきたい。「問い」に対しては「答え」が記載されている場合と，「答え」がないままに，その事例においてどのように事態が推移されたか述べられるにとどまっている場合がある。「答え」が書かれている場合でも，1つの考え方として受け取っていただきたい。まずもって本書において伝えたいメッセージは，経営の悩みに対応するという会計人としての「心構え」であって，解答集ではないことを理解していただきたい。

現実の経営において唯一の正解がある場合はむしろ少ない。経営者が悩むのは正解がわからないからであり，正解があるような問題は経営問題ではないといってもよいぐらいである。客観的な正解があるわけではなく，意思決定した時点では経営者の主観的な判断にしかすぎない決定を，事後的に経営者と従業員をはじめとする関係者の努力によって客観的な正解にすべき問題が経営問題なのである。

経営会計専門家の立場は，助言者でありコーチ役である。その意味で，実行者であり選手の役割である経営者とは立場が異なる。このように立場が異なり，経営問題への取組み方において経営会計専門家の立場からしても正解が１つではない場合も多い。本書において「問い」に対して「答え」がすべて用意されていないのはそのためである。また，助言者として経営会計専門家は，経営者のよき相談相手となり，「問いかけ」をする能力が求められる。本書における「問い」はその一部にしか過ぎないが，「問い」かけすることそれ自体に意味があることも意識しながら本書を活用していただきたい。

⑵　想定する読者

本書の想定している読者は，第１に税理士事務所の所長や所員の方々である。経営者のもっとも身近のところに立ち位置がある会計専門家として，経営者の相談相手となるための心構えを作るために本書を利用してもらうことを著者としては期待している。各章には実務的なポイントや関連した会計手法を独立して説明したパートを設けているので，こちらを利用して基本的な知識の修得にも活用していただきたい。

第２の想定読者は，中小企業の経営者や後継者あるいは幹部従業員の方々である。経営会計専門家からどのような助言や支援を期待することができるのか，本書を参考にしていただきたい。本書で述べている経営会計専門家の水準は決して高いものではない。ごく普通の経営会計専門家ならば備えているべき知識と態度を本書では紹介している。

⑶　第２章～第10章のサマリー

第２章から第10章までの各章は，次のような内容になっている。

第２章では，経営計画の策定を中心に計数管理能力を向上させることで成長を実現した建設会社の事例が紹介されている。第２章から学べる実務的なポイントとして，さまざまな経営計画の種類と活用法が述べられているので参考にしていただきたい。

第３章では，経営環境の変化に対応しながら自己変革を遂げて成長した食肉卸売会社の事例が紹介されている。企業規模の小さな中小企業であっても環境変化に対応して業容を転換するため，リスクをとって投資していかなければならないことがある。投資意思決定の会計技法（投資経済計算）とその利用については，第５章の実務ポイントで紹介している。

第４章では，飲食店の創業から多店舗展開の事例を通じて，任せる経営に必要な人材育成について学んでいただきたい。また，第４章の実務ポイントとして，創業計画の策定についても紹介しているので参考にしていただきたい。

第５章では，食肉冷凍加工業を営む企業の事例を通じて，中小企業においても重要な資源配分の問題を，努力と成果の「見える化」によってどう解決できるのか紹介している。第５章では，ABC分析など製品や事業の評価に活用されている手法も紹介している。

第６章では，美容室の事例から，中小企業の永続に必要不可欠なブランディングという課題について学んでいただきたい。ここで，ブランディングとは，自社の商品（サービス）の認知度を高め顧客に好感を持ってもらうことである。第６章では，サービス業におけるマーケティング手法についても紹介しているので参考にしていただきたい。

第７章では，地域密着型スポーツクラブの事例を通じて企業再生における経営管理システムの役割について学ぶ。第７章では，家族経営の強みを活かして成長した中小企業が，創業一族の暴走によって危機に瀕した後，新しい社長のもとでどのように再生を遂げたのか紹介している。第７章では，経営改善計画の作成方法や，企業再生に活用できる各種制度についても紹介している。

第８章では，診療所の事例を通じて，事業承継の準備に税理士事務所が果たす役割について学ぶ。事業承継において税理士事務所が果たす役割は，経営計画の策定から，第三者事業承継や事業譲渡先（M&A）の紹介まで多種多様であるが，本章では，経営者が正しい意思決定ができるよう有用な情報を提供する役割を中心に紹介する。第８章の実務ポイントでは，親族内の事業承継を円滑に進めるための各種の方策と関連した諸制度についても紹介しているので参考にしていただきたい。

第９章では，経営者の突然の逝去によって危機に陥った企業の再生を税理士事務所がどのように支援できるか，造園業を営むＡ緑地建設の事例を通じて学んでいただきたい。Ａ緑地建設の事例では，経営者の突然の逝去によって危機に陥りながらも，残されたオーナー一族と社員の努力によって事業を継続することができたが，苦しい中で保険金を受領できたことが少なからぬ効果を持っていた。第９章の実務ポイントでは，「生命保険の活用」について要点を紹介している。

第10章では，中小企業のガバナンスにおける税理士事務所の役割について建築業の事例を通じて学ぶ。第10章の実務ポイントとして，親族外（役員や従業員）の事業承継の進め方について要点を紹介しているので参考にしていただきたい。

9　本書を読み進めるための基礎知識：顧客企業の経営を理解するための２つのツール

本書では９つの事例を通じて，経営者の相談相手としての会計人の心構えを学んでいただくことになる。経営者の相談相手となるためには，顧客企業の経営を理解することがまずもって必要となる。会計人は，会計知識を備えているという意味で，企業の経営を理解するための基礎が準備できている。会計知識を用いて経営を理解するためのツールとして，第１章では，デュポンチャートとビジネスモデルキャンバスを紹介しておく。

(1)　デュポンチャートとROICツリー

会計事務所の強みの１つが，経営者から相談されやすい立場にあることは本文中で説明したとおりである。経営者の相談相手として，会計事務所のもう１つの強みは顧客企業の会計情報を扱っていることにある。企業の成長可能性や経営課題を理解するうえで会計情報を利用できるメリットは計り知れない。

①　デュポンチャートとは

デュポンチャートとは，デュポン社において用いられていた経営分析の手法である。デュポンチャートの出発点は総資本利益率にある。

$$総資本利益率 = \frac{利益}{総資本}$$

総資本利益率は，富の源泉である総資本を活用して，一会計期間にどれだけの富（利益）を生み出すことができたのかを示す比率である。企業が社会の公器だという考えに立つならば，総資本利益率は，企業や経営者の成績をはかる重要な指標である。企業は，資本を用いて社会から経営資源（ヒト・モノ・カネ等）を預かり，それらを活用して富を生み出している。総資本利益率は，社会の公器として企業がどれだけ効率的に富を生み出しているかを示すことで，企業や経営者の成績を明らかにする。

総資本利益率の特徴は，ある一時点での財政状態を表している貸借対照表上の総資本（ストック概念）と，一会計期間の変化量を表している損益計算書上の利益（フロー概念）を比較していることである。このような特徴をもっているため，フローだけをみている後述のビジネスモデルキャンバスとは異なり，これまでの蓄積（ストック）や投資意思決定に関わる問題もデュポンチャートを通じて理解することができる。

総資本利益率の分子となる利益は，純利益を用いることが多い。厳密にいうと，分析の目的に応じて，純利益ではなく，純利益から株主の取り分（資本利子）を控除した残余利益や，税額控除後営業利益（NOPAT）を使い分けることが望ましい。

デュポンチャートでは，総資本利益率は，売上高利益率と総資本回転率に分解され，そこからさらに細かく分解されていく。

$$
\begin{aligned}
\text{総資本利益率} &= \frac{\text{利益}}{\text{総資本}} \\
&= \frac{\text{純利益}}{\text{売上高}} \times \frac{\text{売上高}}{\text{総資本}} \\
&= \text{売上高利益率} \times \text{総資本回転率} \\
&= \frac{\text{売上高} - \text{総費用}}{\text{売上高}} \times \frac{\text{売上高}}{\text{運転資産} + \text{固定資産}} \\
&= \left\{ 1 - \frac{\text{材料費} + \text{労務費} + \text{製造間接費} + \text{販売費} + \text{一般管理費}}{\text{売上高}} \right\} \\
&\quad \times \left\{ \frac{\text{売上高}}{\text{現金} + \text{受取勘定} + \text{棚卸資産} + \text{固定資産}} \right\}
\end{aligned}
$$

このように分解することで，ⓐ企業の事業戦略と，ⓑ現場の強み弱み，を理解する。これがデュポンチャートを用いることで，企業経営を理解できるということのエッセンスである。

②　企業の事業戦略と現場の強み弱みを理解する

ⓐの企業の事業戦略を理解するとは，事業の競争優位を確立するために，企業がどのように資源を配分しているかを理解することとここでは思っていただきたい。「戦略とは？」に対するここでの答えは「競争優位確立のため」の「資源配分の基本方針」である。ちなみにこの戦略の定義は，デュポン社の研究などで著名な経営史家のアルフレッド・チャンドラーが行ったことで知られている。

ⓑの現場の強み弱みを理解するとは，各部署や個々人の仕事ぶりが企業全体の業績とどう結びついているのかいないのかを理解すること，とここでは思っていただきたい。総資本利益率を分解していくことで，現場の各部署の現実を表している「材料費」「労務費」「棚卸資産」といった数値と結びつく。これによって，たとえば棚卸回転率は業界平均だが，売上高に対して労務費が多すぎるので，総資本利益率が低いといったことを見つけることができる。繰り返し

になるが，それぞれの現場の強み弱みが企業全体としての業績とどう結びついているかがポイントである。

③ 両者の関係性

戦略論の基礎知識を持っている読者には説明不要かもしれないが，①企業の事業戦略を理解することと，②現場の強み弱みを理解することは，同じコインの裏表の関係にある。資源配分という観点からすると，事業戦略（資源配分の基本方針）に基づき資源が配分され，資源が配分された結果として現場の強み弱みが形作られる。

少し丁寧に説明しておこう。たとえば，同じ飲食業で同程度の総資本利益率を実現していたとしても，戦略（資源の配分方針）が異なれば事業の姿も変わってくる。デュポンチャートはそれを教えてくれる。これは庶民的なラーメン屋さんと高級フレンチ店をイメージしてもらうとわかりやすい。

お客さんに「気軽に美味しいラーメンを楽しく早く召し上がっていただく」ことを使命と考えているラーメン屋さんであれば，総資本回転率を重視する経営を行うべく資源配分しているはずである。高い総資本回転率は，多くのお客さんが入れ替わり立ち替わり入店し，さっとラーメンを食べて席を立つことで実現される。いくらお客さんがそのお店を気に入ってくれたとしても，むやみに長居されるならば戦略は実現できない。戦略実現のために，店舗の立地，店内のテーブル・イスの数や配置，注文の取り方から配膳方法などの業務の流れと対応した従業員教育などに経営資源が配分されることになる。

お客様に「特別な時間を特別な方と特別な料理を一緒に楽しんでいただく」ことを使命に考えている高級フレンチ店であれば，売上高利益率を重視する経営を行うべく資源配分しているはずである。高級フレンチ店の高い売上高利益率は，お客様が特別な料理とサービスを心ゆくまで楽しんでいただくことで実現される。高級フレンチ店と庶民的なラーメン屋さんとでは，資源配分の基本方針は根本的に異なる。しかし，戦略実現のために，店舗の立地，店内のテーブル・イスの数や配置，注文の取り方から配膳方法などの業務の流れと対応した従業員教育などに経営資源が配分されなければならないことは同じである。

戦略実現の条件は，戦略としての資源配分の基本方針が，現場レベルの強み弱みときちんと対応していることである。デュポンチャートは，この関係を可視化するツールとして利用することができる。

④ ROICツリー

図表１－７は，デュポンチャートを現代的に投下資本利益率（Return on Invested Capital：ROIC）の分解として示し，それぞれの比率が業務改善ポイントとして経営改善ツールとどう関連しているか表したものである。企業価値は，理論的にはROIC・成長率・割引率によって計算できるので，ROICを意識して経営することで企業価値の向上が期待できる[6]。

本書で紹介する各事例には財務データが掲載されているので，それぞれの強み弱みをデュポンチャートやROICツリーで分析検討していただきたい。

図表１－７　ROICツリー分析と業務改善ポイント

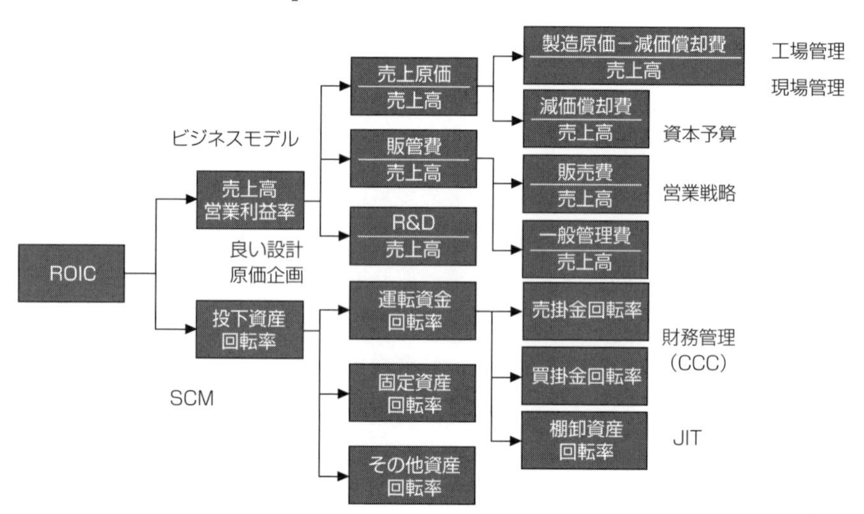

（出所）藤本隆宏『ものづくりからの復活』日本経済新聞社2012年などを参考に著者作成。

⑵　ビジネスモデルキャンバス

ビジネスモデルを理解するために便利なフレームワークとしてビジネスモデルキャンバスがある（**図表1－8**）。スイスのアレックス・オスターワルダーによって提唱されたビジネスモデルキャンバスは，ビジネスを9つの要素に分けて可視化することでビジネスを俯瞰するツールである[7]。

9つの要素は，ビジネスのインフラとしての「キーパートナー」「主要活動」「キーリソース」，ビジネスの中核となる「価値提案」，顧客に関わる「顧客との関係」「チャネル」「顧客セグメント」，それらを財務的にとらえた「コスト構造」「収益の流れ」である。

ビジネスの出発点は，どの「顧客セグメント」にどのような「価値提案」を行うかである。価値提案では，どのような顧客の悩み（嫌なことを減らしたいとか，うれしいことを増やしたいとか）を解決するのかを明確にすることが必要となる。経営者ならではの仕事としては，会社の使命を明確にし，顧客への価値提案の具体化がある。P. ドラッカー著『経営者に贈る5つの質問』ダイヤモンド社，2009年，などを参考に学んでいただきたい。会計事務所であれば，診療所を経営する医師の相談相手となることで「経営上のよくわからない不安を取り除く」といった例が考えられる。

図表1－8　ビジネスモデルキャンバス

<table>
<tr><td rowspan="2">キーパートナー
Key Partners</td><td>主要活動
Key Activities</td><td rowspan="2">価値提案
Value Propositions</td><td>顧客との関係
Customer Relationships</td><td rowspan="2">顧客セグメント
Customer Segments</td></tr>
<tr><td>キーリソース
Key Resources</td><td>チャネル
Channels</td></tr>
<tr><td colspan="2">コスト構造
Cost Structures</td><td colspan="3">収益の流れ
Revenuer Streams</td></tr>
</table>

（出所）オスターワルダー＆ピニュール『ビジネスモデル・ジェネレーション―ビジネスモデル設計書―』小山龍介訳，翔泳社，2012年。

「顧客との関係」は，顧客との関係が短期的なものなのか，それとも長期的なものなのか，浅いものか深いものか，限定された狭いものか，それとも拡がりがあるものか，などがポイントとなる。顧客との関係には，料金体系も深く関わっている。会計事務所の場合，一般的な顧問報酬だけでなく，成功連動型報酬を活用することで顧客との関係が深まることが期待できる。

「チャネル」は，顧客への営業チャネルや財・サービスの販路である。会計事務所であれば，セミナーや地域金融機関がチャネルとして活用されているが，既存顧客からの紹介がもっとも重要なチャネルであることは論を俟たない。

ビジネスのインフラは「キーパートナー」「主要活動」「キーリソース」としてビジネスモデルキャンバスでは表される。キーパートナーは協力企業などが相当し，会計事務所であれば会計ソフト会社やM&A支援企業や他の専門家などがキーパートナーとなることが多い。主要活動は自社で行う活動である。自社が強みを持っている活動，いわゆるコアコンピテンスを活かした活動となっていることが望ましい。現在は自社で行っていてもコアコンピテンスとの関係が薄いようであれば協力企業に外注するのが望ましいこともある。キーリソースは，重要な経営資源（ヒト・モノ・カネ・情報）のことであり，自社の強みの源泉である。会計事務所であれば，税務だけでなく経営アドバイスに長けた人財などがキーリソースとなる。

ビジネスモデルキャンバスでは，他の７つの要素で表現したビジネスモデルを，コスト構造と収益の流れとして財務的にも把握している。前述のデュポンチャートやROICツリーがストック情報も含めた分析となっているのに対して，ビジネスモデルキャンバスは財務的にはフロー情報にとどまっていることには若干の注意が必要である。

ビジネスモデルキャンバスを利用することで，会計事務所の所員のみなさんも顧客のビジネスを俯瞰的に理解することができるので，デュポンチャートとあわせて是非活用していただきたい。

●注

1 野村総合研究所『平成24年度　中小企業の事業承継に関する調査に係る委託事業　作業報告書』2013年。
2 アメーバ経営学術研究会編『アメーバ経営の進化―理論と実践―』中央経済社，2017年。
3 Greiner, L. E. Evolution and Revolution as Organizations Grow, *Harvard Business Review*, May June 1998.（originally published in HBR 1972）
4 Lopez, O. L. & Hiebl. Management Accounting in Small and Medium-Sized Enterprises: Current Knowledge and Avenues for Further Research, *Journal of Management Accounting Research*, 27（1）, 2015: 81-119.
5 環境不確実性が低いと中小企業における管理会計の利用が減少することが知られている（下記の文献を参照）。
Alattar, J. M., R. Kouhy, and J. Innes. Management accounting information in micro enterprises in Gaza. *Journal of Accounting & Organizational Change*, 5（1）, 2009: 81-107.
Gul, F. A. The effects of management accounting systems and environmental uncertainty on small business managers' performance. *Accounting and Business Research*, 22（85）, 1991: 57-61.
King, R., P. M. Clarkson, and S. Wallace. 2010. Budgeting practices and performance in small healthcare businesses. *Management Accounting Research*, 21（1）, 2010: 40-55.
6 ROICが一定であると仮定すると，理論的な企業価値は，次式で計算できる。企業価値 $= NOPLAT\ (1-g/ROIC)/(WACC-g) =$ 投下資本 $(ROIC-g)/(WACC-g)$ ただしNOPLATは見なし税引後営業利益，gは成長率，WACCは加重平均資本利子率。
7 オスターワルダー＆ピニュール『ビジネスモデル・ジェネレーション―ビジネスモデル設計書―』小山龍介訳，翔泳社，2012年。

(付記) 本書は，科学研究費（18H00912）「中小企業における管理会計能力と財務業績の関係に関する経験的研究」の成果の一部である。

経営計画策定能力の向上による中小企業の成長
―建設業の事例―

建設業はリーダーの力がものをいう現場の世界である。リーダーは現場をまとめて，組織を正しい方向に導かなければならない。そのようなリーダーシップは，自社の正しい姿を知るところから生まれる。会計の役割は，客観的な現状認識と前向きな将来ビジョンを「見える化」することで，このことによって企業全体としての方向性の正しい改革がスタートすることになる。

本章では，中小企業（建設業）において，税理士事務所のサポートを受けて，適切な現状認識に基づく将来ビジョンの「見える化」を図る能力という意味での経営計画策定能力を向上させた企業が，業績を向上させるに至った経緯を学ぶ。

1　建設業界の現状と経営課題

顧客企業の経営を理解するうえで，その業界をとりまく経営環境の把握は前提条件となる。経営環境の把握は，人口動態や社会情勢やマクロ経済動向のような大きな動向からはじめて，業界動向やライバル企業の状況へと焦点を絞っていくのが定石である。

ここでは本章で紹介する事例である武田建設の経営環境として，建設業界全体の状況を確認することから出発しよう。業界動向については関連の官庁などが刊行している報告者や白書を利用すると便利である。**図表2－1**は国土交通省が建設業界の近年の動向を整理したものである。

図表２－１ ┃ 建設業界の動向

項　　目	2001年(1)	2015年(2)	備　　考
建設投資（全国）	61兆円	51兆円	(2)÷(1)＝0.836
建設許可業者数（全国）	57万者	47万者	(2)÷(1)＝0.824
就業者数（全国）	632万人	500万人	(2)÷(1)＝0.791
男性の年間賃金（建設業）	420万円	433万円	全産業平均の79%前後
男性の年間賃金（全産業）	560万円	550万円	ほぼ横ばい
55歳以上の従業員割合（建設業）	23.8%	34.0%	高齢化が進行中
売上高営業利益率（建設業）	1.1%	2.8%	製造業より収益性劣る
売上高営業利益率（製造業）	3.9%	4.2%	2001年よりやや上昇

（出所）国土交通省『建設産業の現状と課題』，2016年。

図表２－１から2001年から2015年までの15年間で，全国の建設投資額，許可業者数，就業者数等のマクロ数値はいずれも減少していることが確認できる。建設業全体として，厳しい経営環境にあることが読み取れる。

また，図表２－１からは，建設企業やそこで働く人材の待遇についても，厳しい現実がわかる。まず，建設業界で働いている人材の状況としては，賃金水準は全産業平均よりも２割程度低い水準で安定してしまっており，高齢化が進んでいる。建設業界の企業については，売上高営業利益率で見た収益性は2001年から2015年にかけて1.1%から2.8%へと大きく改善しているものの，製造業平均の4.2%（2015年）と比べると改善後でも７割弱の水準にしかなく建設業の収益性は相対的に低いままである。

収益性の低さと賃金の低さは無関係ではないと考えられる。建設業では，収益性が低いため，賃金水準を引き上げることが難しく，若い人材を採用できず高齢化が進んでいるという悪循環に陥っている可能性が高い。

この悪循環から脱却するためには，第１に収益力を改善し，賃金水準を引き上げ，若手人材を確保することが求められる。

建設業は日中の屋外での作業が多い業種であるため，若手の人材が欠かせない。そういう意味で，賃金水準の低さが大きなブレーキとなって若手人材の確保が進んでいない現状は危機的である。若手の人材が就職先を選別するにあたってまず注目するのは初任給のレベルである。建設業の活性化のためには，賃金水準の底上げによる若手人材の確保が急務であり，建設現場が若手人材のエネルギーで満たされるようにすることが，建設業界として，また個別企業として大きな経営課題である。

このような厳しい経営環境に，本章の事例である武田建設がどのように向き合ってきたのか次節から順次紹介していく。

2　突然の社長交代

武田建設は1955年に創業し，1995年に法人成りした家族経営の小企業である。現在の社長は2007年末に就任した３代目であり，若社長とよばれている。２代目社長は当時まだ50代であったが，突然の長期入院でリタイアを余儀なくされてしまった。３代目は，２代目社長の息子である。

若社長が社長職についたのは29歳の時であった。若社長は，大学卒業後に他県の設計事務所で働いていて，一級建築士の免許も取得していた。しかし，社長に就くまでは，建設会社での勤務経験はなく，家業を継ぐ準備が整っているとは決していえない状態であった。いずれは家業を継がなければならない可能性を感じていたものの，まだ遠い将来の話と思っていた若社長にとって，20代で社長職を引き受けることは大きな挑戦であった。設計事務所での仕事を気に入っていたこともあり，社長就任は躊躇していた。しかし，このままでは会社の解散も視野に入ってくる状況で，母親や親戚に懇願されて若社長は設計事務所を退社し社長職を引き継ぐこととなった。

若社長は，大学時代スポーツに打ち込んでいたこともあり，典型的な体育会系の熱血派である。工事現場では厳しく従業員を指揮監督する一方，本社内にシャワー室を設置するなど従業員にとって働きやすい職場作りを心掛ける優しい一面も持っている。武田建設の社長にふさわしい性格をもった若社長ではあるが，社長として厳しい経営環境に翻弄されることになる。

⑴　社長交代直後の経営管理体制

２代目社長の突然の引退で武田建設の管理体制は大きく変わった。

それまでは，２代目社長が営業，見積り，現場監督等を切り盛りし，経理や総務を若社長の母親が担当していた。夫が社外業務を妻が管理業務を担当する典型的な家族経営である。

若社長は，建設関連の資格を有していたため代表取締役就任についての建設業法上の問題はなかった。現場作業を放置することは建設業においては許されないことであるため，若社長は，社長就任の商業登記を終え，名刺を作成するとその日から現場回りに向かった。

社長交代後の営業の引継ぎについては，とりあえず古参の営業部門の社員が担当することになった。経理や総務は，従来通り若社長の母親が引き続き担当していた。

また，２代目社長の引退を機にそれまで永く武田建設の税務顧問を務めていた税理士の方が老齢を理由に身を引き，若社長の友人の紹介で現在のＳ税理士事務所と税務顧問契約を締結することとなった。

⑵　若社長就任当時の経営状態

若社長が社長職を引き継ぐことで，会社は解散することなくどうにか存続することとなった。しかし，若社長の就任後ほどなくしてリーマンショックの衝撃が武田建設をおそった。

2008年に生じたリーマンショックは，アメリカから世界中に波及した。当然のことながら日本も巻き込まれ，急激に景況は悪化した。東海地方の小企業である武田建設もリーマンショックが引き起こした不況の影響で，業績不振が深刻化することになった。

図表２－２はリーマンショック直後の2009年度（2008年４月１日～2009年３月末）の決算データである。

図表２－２　2009年度の決算データ

貸借対照表　（単位：千円）

現金預金	9,243	支払手形	20,600
売掛金	34,813	買掛金	27,125
棚卸資産	25,374	短期借入金	22,000
その他流動資産	1,800	その他流動負債	5,478
（流動資産合計）	(71,230)	役員借入金	26,000
有形固定資産	19,650	長期借入金	23,000
（うち，土地）	(4,200)	（負債合計）	(124,203)
投資等	31,120	資本金	40,000
（固定資産合計）	(50,770)	利益剰余金	−42,203
繰越資産	0	（資本合計）	(−2,203)
（資産合計）	(122,000)	（負債資本合計）	(122,000)

損益計算書（単位：千円）

売上高	250,020
売上原価	213,324
（売上総利益）	(36,696)
販売費・管理費	39,230
（営業利益）	(−2,534)
営業外収益	500
営業外費用	1,945
（経常利益）	(−3,979)
法人税等	200
当期純利益	−4,179
（費用中の減価償却費）	(983)

問１　図表２－２から，武田建設のような経営状態についてどのようなことがわかるか？

当時，武田建設を月次訪問していたＳ税理士事務所の担当者は，若社長の母親が次のように嘆くのを毎回のように聞かされていた。

「今期も赤字決算になりそうです。」

「不渡りを出さないように，今月も個人の資金を会社に貸し付けなければならない。」

「銀行が毎日のように借入の返済の督促にくる。少しくらい待ってくれてもいいのに。」

若社長の母親から聞かされる愚痴から，武田建設の経営が厳しいことは予想していたが，2009年度の決算データをまとめるなかで，Ｓ税理士事務所の担当者はあらためて武田建設の業績不振が昨日今日に始まったものではないことを理解した。

損益計算書上の営業利益が赤字であることから，本業自体が危機的状態にあることが確認できる。経常利益および当期純利益も赤字である。また，貸借対照表の利益剰余金が4,220万円の大きなマイナスであることから，赤字経営が永年続いてきたことが推測できる。さらに，金融機関からの長・短借入金の他に役員借入金が2,600万円もあることは，金融機関からの借入が困難な状況に武田建設が陥っていることを示している。

問2　武田建設のような悩みをかかえた経営者に顧問税理士事務所はどのような提案をすべきか。

2009年度の決算データをまとめるなかで，S税理士事務所の担当者は所長に相談してみた。

担当者「今年から担当している武田建設の経営状態がかなり厳しいのですが，どう対応しましょう？」

所長「若社長が家業を継いだこのタイミングで経営改善に向けてサポートできるかを考えたほうがよいだろうな。銀行との関係はどうなっている？」

担当者「メイン銀行とは長いつきあいのようですし，本来は悪くない関係にあると思うのですが，借入返済の借入を繰り延べているようで危険水域ですね。」

所長「それはまずいな。社長はわかっているのか？」

担当者「（経理担当の若社長の）お母様とはお話できているのですが，若社長とはあいさつ程度しかお話したことないので」

所長「まずは，若社長に現状を理解してもらうことからだな。それにしても急いだほうがいいだろう。」

⑶　若社長の意思確認

所長に相談したことで意を強くした担当者は，さっそく若社長との面談をすることにした。ちょうどＳ税理士事務所の近くの現場に若社長が来る予定があるとのことで，面談はＳ税理士事務所で行うことになった。面談には若社長の母親も同席してもらうようにし，若社長，母親，所長と担当者の４名で行うことになった。Ｓ税理士事務所での面談では次のようなやりとりが行われた。

担当者「若社長，今日は時間をとっていただきありがとうございます。今年度決算をまとめさせていただくなかで，若社長にお伝えしておくべきことがありまして，ご足労をお願いしました。」

若社長「うちの経営が苦しいことはわかっていますが，そんなに悪いのですか？」

所長「お母様から聞かれているとは思いますが，率直に申し上げまして御社の経営状態はきわめて厳しく，すぐに手を打たないといつ倒産してもおかしくない状態です。」

若社長「資金繰りの苦しいことは母から聞いていますが」

所長「そこです。今のように借入の返済を３ヵ月前後も繰り延べていると，銀行のなかでの債務者区分が『要管理先』以下になります。そうすると最悪の場合『債務不履行』で担保物件が競売に付されてしまいます。」

若社長「それじゃ仕事ができない。どうしたらいいんですか？」

所長「銀行の信頼を回復することがまず必要です。」

若社長「具体的にはどうしたら？　返済を期限通りにできればいいのですが，それができないから銀行に待ってもらっているわけで……。」

所長「銀行としては，返済を待つ合理的理由があればいいのです。」

若社長「合理的理由とは？」

所長「御社の経営が改善し将来的に返済ができる見通しができることです。銀行の信頼を回復するためには，まずこの見通しを『経営改善計画』として策定し，銀行に提出することが必要です。」

若社長「経営改善計画といわれても，どうやって作ったらいいのですか？」

所長「それはわれわれがサポートします。しかし，ちゃんとした経営改善計画を策定するためには，若社長に覚悟をもって取り組んでいただかなければなりません。嫌な思いをしてもらうことになりますが，大丈夫ですか。」

若社長「ぜひお願いします。」

所長「経営改善計画を作ったあとは，それを着実に実行していかなければなりません。四半期毎に計画の進捗度合いを確認（モニタリング）し，改善すべきところは改善していくことになります。金融機関にも情報を伝えることになりますし，しんどい思いをしてもらうことになりますが，覚悟はありますか。」

若社長「大丈夫です。ぜひお願いします。」

図表２－３　債務者区分の内容

債務者区分	定　義	銀行の姿勢	企業の取組みの方向
正　常　先	業績，財務内容ともに問題なし	追加融資歓迎	従来どおりの経営の方向
要 注 意 先	返済能力，貸出条件，財務内容等に懸念がある	メインは従来どおり メイン以外は距離を置く方向へ	正常先へ上がるか要管理先へ落ちるかの分岐点。経営改善へ注力
要 管 理 先	要注意先のうち，①貸出条件緩和，②３ヵ月以上延滞ありの債務者	メインも貸し増ししない メイン以外は引き下げの方向へ	銀行と協議の上，実現可能性の高いプランを立て実行へ
破綻懸念先	経営難の状態にあり，将来破綻する可能性が大きい債務者	早期に回収する方向へ	私的整理のほか，法的整理も視野に入れ，抜本的な改善へ踏み出す
実質破綻先	経営難の状態で再建が不可能な債務者	直ちに回収へ	撤退の方向
破　綻　先	法的，形式的にも破綻している債務者	直ちに回収へ	撤退の方向

（出所）　金融検査マニュアル等を参考に著者作成。

図表2－3は，金融機関における債務者区分の定義と，区分毎の銀行の貸出姿勢と企業の対応をまとめたものである。銀行は，貸出の可否，貸出金の取立ての実行，および貸出金の利率等を債務者区分に基づいて行っている。財務の状況等から，武田建設の「債務者区分」は「要管理先」と思われる。銀行から返済の督促が厳しくなっている現状だと，「破綻懸念先」にランクダウンされてもおかしくない。武田建設としては，「要注意先」にランクアップすることが必要であり，そのためには「経営改善計画」を策定して銀行に提出しなければならない。S税理士事務所が若社長との面談を急いだ背景にはこのような事情があった。

(4) 経営改善計画策定に向けて

若社長との面談を経て，S税理士事務所は武田建設と経営改善指導契約を結ぶことになった。所長は，若社長の人柄と潜在能力を評価し，きわめて厳しい経営環境ではあるが，社長が交代したこのタイミングであれば武田建設の成長軌道に乗せることができると考えたのである。

問3　武田建設のような困窮状態に陥っている企業の経営改善計画策定をサポートするために，顧問税理士事務所はまず何をすべきか？

合理性があり説得的な経営計画を策定するためには，武田建設の現状をより踏み込んで把握する必要がある。そこで，S税理士事務所として，武田建設の財務状態を公共工事と民間工事に分けてセグメント別に分析することとした。その際には，費用構造を正確に把握し，実現可能性の高い損益計画を策定するために，費用を固定費と変動費に分け，直接原価計算に組み替え直すこととした。現状の財務会計的な損益計算は，全部原価計算に基づいており，売上の変化と利益の変化の関係を読み取ることが難しいのである。

図表2－4は，セグメント別の直接原価計算の結果である。

図表2－4 武田建設のセグメント別直接原価計算

（単位：千円）

科目		計上額	固変分解		セグメント別限界利益		固定費
			変動費	固定費	公共工事	民間工事	
売上高		250,020	－	－	112,500	137,520	－
売上原価	材料費	70,396	70,396		33,086	37,310	－
	労務費*1	21,230	21,330		10,240	11,090	－
	外注費	85,330	85,330		40,960	44,370	－
	経費*2	36,268	0	36,268	－	－	36,268
（限界利益）		－	－	－	（28,214）	（44,750）	－
販管費		39,230		39,230	－	－	39,230
営業外収益*3		500		500	－	－	500
営業外費用		1,945		1,945	－	－	1,945
（合計）		－	（177,056）	（77,943）	（28,214）	（44,750）	（76,943）
（経常利益）		－3,979	－	－	72,964		

＊1　労務費は，大半が日給月給で勤務する工事の現場関係の人件費である。
＊2　経費は，固定給で勤務する工事関係管理者の人件費である。
＊3　営業外収益は，マイナスの固定費と考える。

このセグメント別直接原価計算の結果をもとに，S税理士事務所の担当者は，武田建設の経営状態を，限界利益率を軸に次のように分析した。セグメント別直接原価計算の数値によれば，民間工事の限界利益率は32.5％（44,750÷137,500×100），公共工事は25.1％（28,214÷112,500×100）である。小規模総合工事業の平均限界利益率は約35％である（中小企業財務診断協会の公表データ）。これと比較すると，武田建設の限界利益率はかなり見劣りする。武田建設の経営を立て直すためには，この低い限界利益率を向上させなければならない。そのためには，武田建設の限界利益率が低い理由を探る必要がある。限界利益率が低いのは，受注価格が低すぎるか，コストが高すぎるか，あるいはその両方である。

3　利益がでる体制作り

武田建設の低い限界利益率の理由をさぐるため，Ｓ税理士事務所の担当者は建設業のバリューチェーン（価値連鎖）を調べてみた。バリューチェーンとは，事業活動を機能ごとに分類し，どの部分（機能）で付加価値が生み出されているかを示すものであり，戦略論研究者として著名なマイケル・ポーター教授が『競争優位の戦略』（1985年）に提唱したことで知られている。**図表２－５**は建設業のバリューチェーンを図示したもので，工事情報の入手から受注にいたる上流工程（営業活動）と実行予算作成から竣工検査・引渡しにいたる施工工程に大別されている。

図表２－５　建設業のバリューチェーン

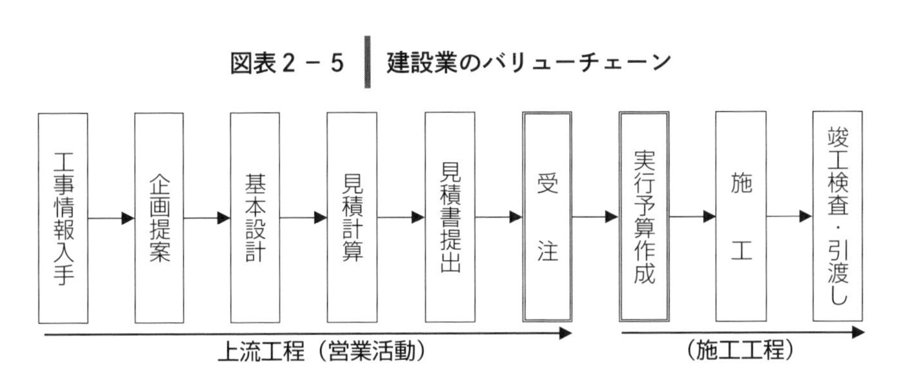

個別受注産業である建設業においては各現場で設計，資材，工程等を異にすることから，施主（発注者）は必ず複数の建設業者に「見積書（工事代金の明細を示した書類）」の提出を求める。そして，施主は複数の「見積書」について設計・資材・工期・工事代金等を比較し，施工業者を決定する。このことを「競争入札」による受注という。

営業活動におけるジレンマは，見積金額を低く押えることによって受注率を向上させることができるが，他方で利益が実現できず赤字経営に転落することにつながりかねないことである。営業が目先の業績として受注率を重視すると，利益が犠牲になりがちである。受注率と利益のジレンマの間で，バランスがうまくとれるかどうかは見積金額の妥当性にかかっている。

社長交代前まで営業は２代目社長が担当していた。２代目社長の引退の後は，古参社員が営業を担当することになった。そこで，Ｓ税理士事務所の担当者は，その古参社員に話を聞いてみることにした。

担当者「古参さん，いきなり営業を担当することになってご苦労さまです。古参さんが担当されてからも受注は確保できているようですが，何か工夫とかされているのですか？」

古参社員「先代の時と同じ受注率（受注件数÷入札件数×100）を維持するというのが私の責任なんですが，なにぶん競争が激しくて苦労してます。まぁ，見積金額を低めにすれば，どうにか受注はとれているんで。」

担当者「見積金額はどうやって決めているんですか？」

古参社員「まぁ，経験と勘というやつで，ライバル企業よりも競争力のある金額になるようにしてます。」

担当者「なるほどぉ。経理担当の奥様と見積金額の設定について相談したりすることはあるんですか？」

古参社員「とくに何も話はしてませんねぇ。なにせバタバタしてますし。営業は私に任せてもらってるということで。」

(1) 値決めは経営

営業担当の古参社員は，なによりもまず受注を確保し受注率を維持することが自分の仕事だと考えていた。そのため，見積金額を低めに設定していたのである。受注率を維持できても，請負金額が低すぎると工事単体としても会社としても利益を確保することはできない。

そこでＳ税理士事務所の担当者は若社長と相談して，見積書の作成は若社長と古参社員とが相談しながら決めることにした。「値決めは経営」という言葉は，京セラ創業者の稲盛和夫氏の言葉であるが，見積書の作成はまさに経営である[1]。見積金額が高すぎれば仕事がもらえない。かといって見積金額が低すぎれば利益を確保できず事業の存続が危ぶまれる。見積金額の成果を享受し，結果を引き受けるのは経営者である。見積書の作成を若社長と古参社員が共同で行うことにした意義は，武田建設にとって最も重要な経営判断を組織的に行うことになったことであった。

武田建設の低い限界利益率の理由の１つは，見積金額が低いことであったが，それだけではなかった。Ｓ税理士事務所の担当者は，コスト面についても精査してみた。そうすると現場の施工体制の甘さが浮かび上がってきた。

(2) 工程管理による納期改善とコスト低減の両立

建設業では，下請業者に仕事の一部を外注することが一般的である。下請け業者に仕事を回す場合，発注前に外注費について「見積書」を複数の業者から提出させ，最も安い価格を提示した業者に発注することが通常の手続である。これを「相見積（あいみつもり）」というが，武田建設では「相見積」はほとんど行われていなかったのである。なじみの業者に，業者の言い値で外注する習慣ができあがっていた。相見積を行っていれば機能するはずの「競争原理」が全く機能せず，相場からしてかなり高い金額で外注していたことがわかった。

また，建設業の施工体制では，工程管理がきわめて重要である。工程管理をきちんと行うことで，計画通りのコストで納期を守ることができる。武田建設は取引先の信頼を大事にしており，納期を守ることは徹底されていた。しかし，工程管理がずさんだったため，残業手当や外注費の追加計上がたびたび行われていた。これではコストが高くなるのは当然である。

図表２－５の右側にある「施工工程」をみてもわかるように，施工工程の出発点は実行予算の作成にある。見積書と同様に実行予算書は建設業において利益を確保する「利益管理」の土台である。**図表２－６**は見積書と実行予算書の性格の違いをまとめたものである。見積書は，受注が獲得できるように，また獲得した受注案件で利益がでるように考え作成する。実行予算書は，施工計画に基づいて実際の施工においてコストを管理し利益が出るよう作成する。見積書と実行予算書は作成目的が異なるが，利益を確保するための値決めを行っているという意味で経営の根幹である。

図表２－６ ┃ 見積書と実行予算書との違い

	見　積　書	実行予算書
作　成　目　的	受注目的で発注者へ提出	原価低減のため施工部署へ提出
作成の時期	工事受注前。作成時間はわずか	工事契約直後。ある程度の日数確保
内容の詳細さ	細かな点より自社の強みのアピールに注力	細部にわたる必要あり
施工計画との関連	関連はない	施工計画に準拠して作成される

Ｓ税理士事務所担当者の助言により，外注先の決定の際には必ず「相見積」をとることと，実行予算管理は若社長が中心となって行うことが決定された。実行予算管理では，若社長が中心となって詳細な実行予算を作成し，それにしたがって厳しく施工管理を行うこととなった。

4　経営改善計画の策定

経営改善計画を早急に策定すべきということでは意見が一致していた若社長とその母親であったが，どのように経営改善を実現するかの方向性は正反対であった。若社長と母親との間では次のような会話が繰り返されていた。

母親「お世話になっている銀行のことをこういうのも何だけど，あの銀行の樫山さんが来られる度に気が滅入るのよね。返済の督促を聞くのがもうしんどいのよ。」

若社長「樫山さんも仕事なんだから仕方ないじゃないか。ちゃんとした経営改善計画を作って，武田建設にお金を貸していて良かったと思ってもらおうじゃないか。」

母親「そうね，それはそのとおりだわ。まずはコスト削減よね。削れるところは削らないと。」

若社長「そうだよなぁ。相見積するだけでこんなに外注費が低くなるとは目から鱗だったし，実行予算管理のほうも成果が出始めてるし，できることはやらなきゃ。」

母親「ちょっと調べてみたんだけどね，うちって1人当たりの売上高がかなり小さいのよ。S税理士事務所の担当者さんが教えてくれたんだけど，業界平均で年3,600万円なんですって。うちは10人で2億5千万でしょ。1人当たりだと2,500万円なのよ。従業員が2人減れば，資金繰りもずっと楽になると思うの。」

若社長「何を言ってるんだよ，母さん。誰に辞めてもらうってんだよ。相見積とか実行予算管理とか，みんなが協力してくれて成果が出てきたところじゃないか。ここはみんなで頑張るところだよ。」

長年資金繰りで苦労してきた若社長の母親からすれば，即効性のあるリストラを主張するのは無理からぬことであった。従業員を減らすことで固定費を削減すれば，その効果は即座に資金繰りに反映される。

しかし，若社長の考え方は違っていた。S税理士事務所の担当者のおかげで，営業面や原価管理面で解決すべき課題が明確になり，解決への道筋もはっきり見えてきた。計算に基づいてきちんと経営すれば，武田建設は復活できる，若社長はそう信じていた。

若社長の熱意におされて，母親も納得し，従業員全員で一致協力して限界利益の増大に挑戦する方針が採用された。若社長が中心となって策定した武田建設の経営改善計画は，**図表2－7**のようなものであった。

経営改善計画は，セグメント別の直接原価計算に基づいて作成された。基本的な考え方は，図表2－4と同じで，公共工事部門と民間工事部門にセグメントを分けて，それぞれの限界利益を計算するというものである。

固定費については現状維持を基本として，限界利益率の改善をそれぞれのセグメントで改善していくことが経営改善計画の骨子である。具体的には，固定費は2009年実績に基づいて7,700万円を維持する。限界利益率についてはセグメント別に計画し，公共工事では，売上高を毎年200万ほど積み増しし，変動比率を3年で2.4%低下させることで，限界利益率を25.1%から27.5%への改善をめざし，民間工事では，売上高を毎年75万円ほど積み増しし，変動比率を3年間で1.5%ほど低下させることで，限界利益率を32.5%から34%へ引き上げる

図表２－７　武田建設の経営改善計画（2010－2012年）

（単位：千円）

項目		2009年実績	2010年計画	2011年計画	2012年計画	備考
公共工事	売上高	112,500	115,185	116,363	118,181	年200万円前後アップ
	変動比率	74.9%	73.0%	72.5%	72.5%	3年間で2.4%アップ
	限界利益率	25.1%	27.0%	27.5%	27.5%	
	限界利益	28,214	31,100	32,000	32,500	
民間工事	売上高	137,520	138,036	139,000	139,794	年間75万円前後アップ
	変動比率	67.5%	67.4%	66.1%	66.0%	3年間で1.5%アップ
	限界利益率	32.5%	32.6%	33.9%	34.0%	
	限界利益	44,370	45,000	47,070	47,530	
限界利益合計		72,964	76,100	79,070	80,030	
固定費	原価固定費	36,268	35,000	35,000	35,000	
	販管費	39,230	40,000	40,000	40,000	
	営業外収益	500	500	500	500	
	営業外費用	1,945	1,900	1,870	1,830	
固定費合計		76,943	77,400	77,370	77,330	
経常利益		−3,979	−1,300	1,700	2,700	← 数値基準
法人税等		−200	−200	−200	−200	繰越欠損金あり
償却費		983	1,000	1,000	1,000	毎年ほぼ同額
営業キャッシュフロー		−3,196	−500	2,500	3,500	
投資キャッシュフロー		−1,000	−1,000	−1,000	−1,000	毎年100万円の投資
財務キャッシュフロー		−1,200	−1,200	−1,200	−1,200	毎年120万円の返済
ネットキャッシュフロー		−4,896	−2,700	300	1,300	
長短借入金残高		45,000	43,800	42,600	41,400	
純資産の額		−2,203	−3,703	−2,203	297	← 数値基準
債務償還年数		－	－	17	12	← 数値基準

ことを目指すこととした。売上高の積み増しについても変動比率の低下についても，若社長の下ではじめた経営管理を徹底すれば実現できる見通しの立つ計画であった。結果的に，現状よりも背伸びしているが，実現可能な水準に目標を設定することができていた。このストレッチ（背伸び）した実現可能な目標水準は，従業員のやる気を高める上で重要であった[2]。

問4 **武田建設における経営改善計画の策定事例から学べるポイントをいくつか指摘しなさい。**

通常の決算書と，武田建設の経営改善計画の元になる考え方は，次の2つの点で異なっている。まず第1に，セグメント別に改善計画を策定していることである。公共工事と民間工事とは，発注主の性質が異なる。このため，値決めの考え方ひとつをとってみても，公共工事と民間工事とでは同じようにはいかない。民間工事と同じ利益率を確保するような見積書では公共工事の受注はおぼつかない。セグメントに分けて，現実的に経営改善計画を立てていることが第1の違いである。

第2に，全部原価計算ではなく直接原価計算に基づいていることである[3]。直接原価計算によって限界利益を計算し，限界利益率を指標とした経営が可能となる。直接原価計算を利用することで，リストラによる固定費削減ではなく，日々の経営判断や現場の活動によって管理可能な変動費に焦点が合わされることが期待できる。限界利益を改善できるかどうかは，きちんとした経営判断ができているかどうか，現場の活動がずさんになっていないかどうかによって決まる。若社長のリーダーシップの下で，従業員が一致協力して努力する成果が限界利益として「見える化」されるのである。通常の決算書では見えない「現場の努力⇒企業の成果」の関係を武田建設の経営改善計画は「見える化」したと考えられる。

また，武田建設における経営改善計画は，現状分析によって浮かび上がった経営課題の解決策を織り込んだものとなっていた。現状分析によって，見積書作成段階での値決めや，実行予算書管理，外注先の選択などが適切に行えていないため，限界利益率が低くなっていることが明らかになっていた。組織的に見積書を作成することで適切な値決めを行い，相見積によって外注費を削減し，実行予算管理によって施工段階でのコストを抑制する。これら実行可能な施策を行ったならば限界利益率がどう改善するかを考慮することで，実現可能性の高い経営改善計画が策定されていた。

武田建設での経営改善計画では人員削減といったリストラをしないという明確な方針があったことも重要である。経営改善計画実行に向けて，従業員の協力を求める基盤である。

経営改善計画を銀行に提出するのと前後して，若社長は経営改善計画の利益が計画通りに実現できた暁には，絶えて久しかったボーナスを支給することを従業員に約束した。リストラをしないことからさらに一歩踏み込んで，経営改善の成果を従業員と分かち合うことを約束したわけである。

5　経営改善計画実現へ向けての取組みとその成果

経営改善計画の策定によって明確になったのは，武田建設を復活させるためには魔法は必要ないということであった。赤字受注にならないようする。外注先の言い値で割高な外注費を支払わない。工程管理を丁寧に行って無駄な残業代や追加的な外注費を支払わないで済むようにする。言われてみれば当たり前の話である。現状を把握して，問題点を認識する。そのうえで問題点を解決する方策を検討し，実現可能な計画を策定する。まともな計画を作り，それをきちんと実行する。これが武田建設の経営を改善する方向であった。

問5　**武田建設のような事例において，経営計画の達成率を向上させるためにはどのような取組みが必要か？**

経営計画を策定したことで，武田建設としてするべきことは明確になった。

するべきことがわかれば，次はするべきことをきちんと実行する体制や習慣を作ることであり，いわゆる「PDCAサイクル」をまわす体制を整え，良い習慣を継続することである。PDCAサイクルとは，品質管理の世界で確立された考え方で，計画（Plan），実行（Do），検証（Check），改善（Action）を継続的に行うことで品質向上を実現しようという考え方である。

武田建設が銀行に提出した経営改善計画は，出発点のＰ（計画）に相当する。武田建設では，３年計画の経営改善計画を年度計画に落とし込み，月次で年度予算の進捗を管理する会議を設けることにした。

月次会議にはＳ税理士事務所の担当者も当初は司会役として参加し，会議資料の作成などを手伝うようにした。月次の会議といっても，小さな武田建設であるから，若社長が中心となって受注の見通しと実行予算管理について計画と実績と今後の予定を話し合うぐらいしかできなかった。それでも，全従業員が集まって武田建設の経営状態を話し合うことで，現場の作業が遅れ気味なときには早め早めに対策を打つようになり，外注先との接し方にも変化が現れてきた。これはPDCAサイクルのいうところの，検証（Check）を行い，改善（Action）案を出し合う場として月次会議が機能しはじめたことを意味していた[4]。

月次会議によって，従業員の一体感はこれまでとは違うものになった。なによりも自分たちがきちんと現場の仕事をすることで経営改善計画が実現されていくという気持ちを従業員が共有するようになったことが大きい。

武田建設では，Ｓ税理士事務所の助言にしたがって，年度初めには経営計画発表会を開催するようにした。経営計画発表会には，メインの金融機関や主要取引先を招待することにした。従業員だけでなく銀行や取引先の担当者の前で若社長が経営計画を発表することで，何が何でも経営計画を実現するのだという若社長の気持ちが従業員に強く伝わることになった。

経営計画発表会のあとには，懇親会も行うこととした。手狭な事務所の会議室で簡単なおつまみと飲み物での懇親会ではあるが，体育会系の若社長を囲む親睦の場が生まれた。

経営改善計画の２年目からは，経営計画発表時に優秀社員表彰を行うこととした。表彰者の選定は，経営計画実現へ向けての取組みとその成果を，月次会議での発言などのような日常的な姿勢と個人業績を総合的に勘案して，若社長が行った。その際には，月次会議の司会を務めていたＳ税理士事務所の担当者の意見も若社長は参考にしたようである。

担当者は，経営計画の実行支援と併行して，次の２つのアドバイスも若社長に行っていた。１点目は，武田建設が利用できる補助金，助成金の受給の機会を逃さないということである。政策的に，経営計画を策定した企業に対する各種の支援が行われている。経済産業省や厚生労働省などは，経営計画にもとづき所定の取組みを行う企業に対して，補助金や助成金を交付しこれらの取組みを支援しており，Ｓ税理士事務所の担当者は，これらの受給可能な公的支援の機会を若社長にアドバイスしたのである。

２点目は，経営計画の作成とそれに伴う業績の向上が「経営者保証」の解除に繋がるという事実である。銀行借入に対する経営者保証は，中小企業の経営者にとっては深刻な心理的負担である。それが軽減できる見通しをＳ税理士事務所の担当者は若社長に伝えることで，若社長のやる気をさらに高めることに成功した。

武田建設は，2009年に初めて経営計画を策定した。経験と勘にまかせるのみであったかつての経営が，合理的でかつ柔軟な意思決定に基づく経営へと様変わりした結果，武田建設の業績は順調に回復した。

武田建設の2010年からの３年間の売上実績は，計画を15パーセント上回る勢いで推移し，４年目の2013年から2015年までの３年間の売上は受注の重要な局面で若社長が加わることで受注率が大きく向上し民間工事を中心にさらに売上を伸ばした。

2009年当時は，銀行に頭を下げてリスケジュールのお願いをしていた武田建設であったが，現在では複数の銀行から借入れの勧誘を受けるまでになった。この業績改善にあわせてメイン銀行から経営者保証の解除を勝ち得た。

武田建設の2015年の決算内容は**図表２－８**，2009年と2015年の決算内容の比較は**図表２－９**のとおりである。

図表２－８　2015年の決算データ

貸借対照表		（単位：千円）		損益計算書（単位：千円）	
現金預金	80,832	支払手形	0	売上高	693,660
売掛金	126,700	買掛金	268,340	売上原価	552,055
棚卸資産	59,804	短期借入金	40,000	（売上総利益）	（141,605）
その他流動資産	21,215	その他流動負債	68,360	販売費・管理費	84,006
（流動資産合計）	（288,551）	役員借入金	22,000	（営業利益）	（ 57,599）
有形固定資産	337,817	長期借入金	168,300	営業外収益	3,976
（うち，土地）	（125,600）	（負債合計）	（567,000）	営業外費用	4,305
投資等	45,232	資本金	44,000	（経常利益）	（57,270）
（固定資産合計）	（383,049）	利益剰余金	60,600	法人税等	13,000
繰延資産	0	（資本合計）	（104,600）	当期純利益	44,270
（資産合計）	（671,600）	（負債資本合計）	（671,600）	（費用中の減価償却費）	（16,900）

図表２－９　2009年と2015年の決算内容の比較

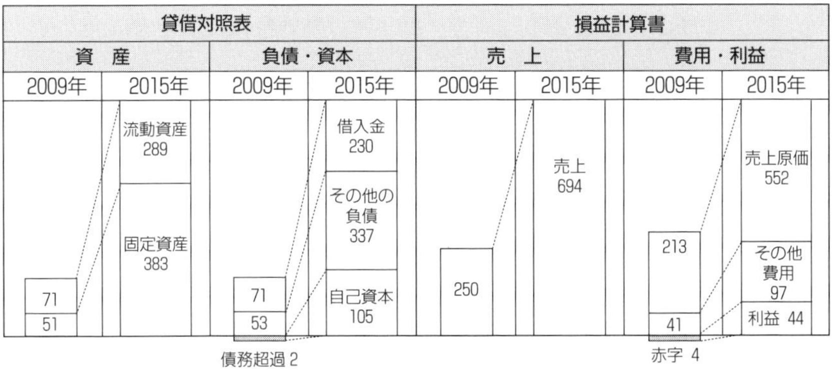

貸借対照表				損益計算書			
資産		負債・資本		売上		費用・利益	
2009年	2015年	2009年	2015年	2009年	2015年	2009年	2015年
71 51	流動資産 289 固定資産 383	71 53 債務超過 2	借入金 230 その他の負債 337 自己資本 105	250	売上 694	213 41 赤字 4	売上原価 552 その他費用 97 利益 44

6　第２章の実務ポイント：経営計画の種類と役割

武田建設は，突然の社長交代という状況を，新社長が自ら経営計画を立て，それを先頭に立って率先垂範することにより業績を回復させた。第２章の実務ポイントとして，武田建設の事例から中小企業における経営計画の役割を考えてみる。

⑴　経営計画の意義と中小企業経営者の認識

①　経営計画を策定している中小企業の割合とその効果

図表２－10は，経営計画策定している企業の割合と，作成している（していない）理由を示している。経営計画を策定したことがある企業では，その理由が第１に「経営方針と目標が明確化される」ことであり，第２に「自社の強みと弱みが認識できる」である。他の項目をみても，経営計画を策定したことのある経営者は，積極的に経営に関わろうという姿勢が明確である。それに比べて，経営計画を策定したことのない企業では，「現状維持できればよい」や「『計画』という大げさなものは不要」といった消極的な理由が多い。経営者の経営に取り組む姿勢は，経営計画の有無に現れている。

図表２－10　経営計画策定している企業の割合とその理由

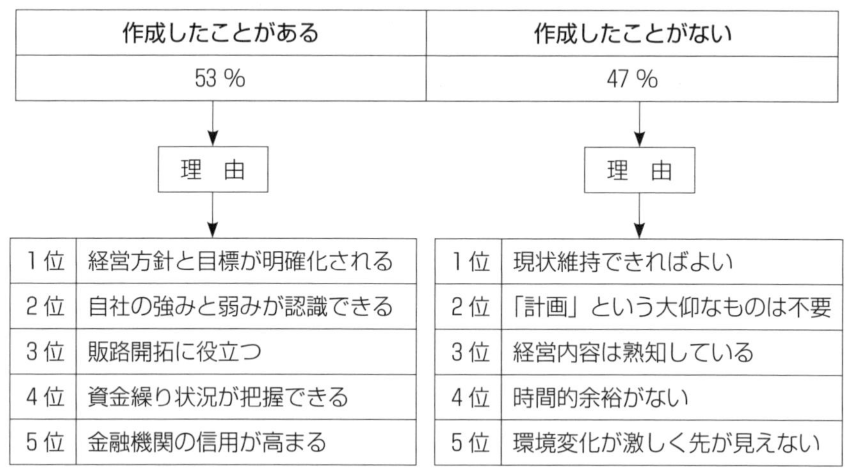

作成したことがある	作成したことがない
53％	47％

理由（作成したことがある）

順位	理由
1位	経営方針と目標が明確化される
2位	自社の強みと弱みが認識できる
3位	販路開拓に役立つ
4位	資金繰り状況が把握できる
5位	金融機関の信用が高まる

理由（作成したことがない）

順位	理由
1位	現状維持できればよい
2位	「計画」という大仰なものは不要
3位	経営内容は熟知している
4位	時間的余裕がない
5位	環境変化が激しく先が見えない

（出所）『中小企業白書（2017年版）』。

② 経営計画策定の有無と経営者の年齢

図表２－11は，経営計画の策定が経営者の年齢とどう関係しているのかを示している。30歳未満の若い経営者は８割程度が経営計画を策定したことがある。それに対して，70歳以上の経営者は４割強しか経営計画を策定したことがない。経営者としてのキャリアが長いベテラン経営者ほど経営計画を策定したことがないという事実は，第１章で述べたように，高度成長期の日本において管理会計の必要性が低かったことを反映していると考えられる。

図表２－11　経営計画の策定有無と経営者の年齢

経営者の年齢	作成あり	作成なし
30歳未満	78%	22%
70歳以上	43%	57%

（出所）『中小企業白書（2017年版）』。

③ 経営計画策定の有無と売上高

図表２－12は，経営計画策定の有無と策定後の売上高の変化をまとめている。図表２－12からわかるように，近年の日本の中小企業では経営計画を策定している企業のほうが売上高増大傾向にあることが確認できる。米国の新興企業のデータを用いた分析でも，実態に即した経営計画（Business Plan）を持った企業ほど黒字となる傾向にあることが示されている[5]。

図表２－12　経営計画の策定有無と売上高の動向

	増加	横ばい	減少
全体（n＝4,857）	27.5%	44.3%	28.2%
あり（n＝2,575）	34.0%	42.3%	23.7%
なし（n＝2,282）	20.2%	44.6%	35.2%

（出所）『中小企業白書（2017年版）』。

⑵　製品ライフサイクルの各段階に見られるリスク

経営計画を策定する上で重要なのが，自社がどのような経営環境におかれているのかを大局的に分析し理解することである。このためには，自社の主力製品が製品ライフサイクルのうえでどのような位置にあるのかを理解することが決定的に重要である。中小企業の場合，主力製品が１つの場合も少なくない。その場合，製品ライフサイクルが企業の寿命を決定してしまうことになる。

製品ライフサイクルは，導入期，成長期，成熟期，衰退期の４期に区分して考える場合が多い。**図表２－13**は製品ライフサイクルにおいて売上と利益がどのように変化すると考えられるのか典型的なパターンを示したものである。

導入期は，まだ売上はほとんど立たない段階である。製品開発や市場開拓にコストはかかっているにもかかわらず売上が少ないため，赤字であるのが普通である。

成長期では，売上が急速に立ち上がってくる。製造が軌道に乗り生産量も増えることによって単位当たりの製造コストは低減しはじめ，赤字から黒字へと転換する。その反面，競合他社も市場に参入しはじめ，競争が激しくなり売価も低下する。利益は確保できるものの思ったようには伸びないのが成長期の特徴である。

成熟期では，市場全体の伸び率が低下し高原状態になる。市場から撤退する企業が出てくることで成長期の激しい競争は落ち着きを見せることになる。典型的には寡占状態となるが，この段階でマーケットリーダーがどのような価格戦略をとるかで利益は大きく左右される。

衰退期では市場規模は縮小していく。市場規模がどのようなスピードで縮小するかは製品によって大きく異なる。電卓市場のように急激に縮小した後で安定した市場規模を維持する場合もあれば，家庭用VHSビデオデッキのようにほぼ絶滅したような市場もある。電卓市場のように最盛期と比べるとはるかに小さくなった市場でも，寡占競争を生き残った企業には安定した利益の源泉となることが少なくない。

製品ライフサイクルの考え方に従って，製品の売上の時間的推移を導入期，成長期，成熟期および衰退期の４つの段階に区切ることによって，段階毎の

図表２－13　製品ライフサイクル

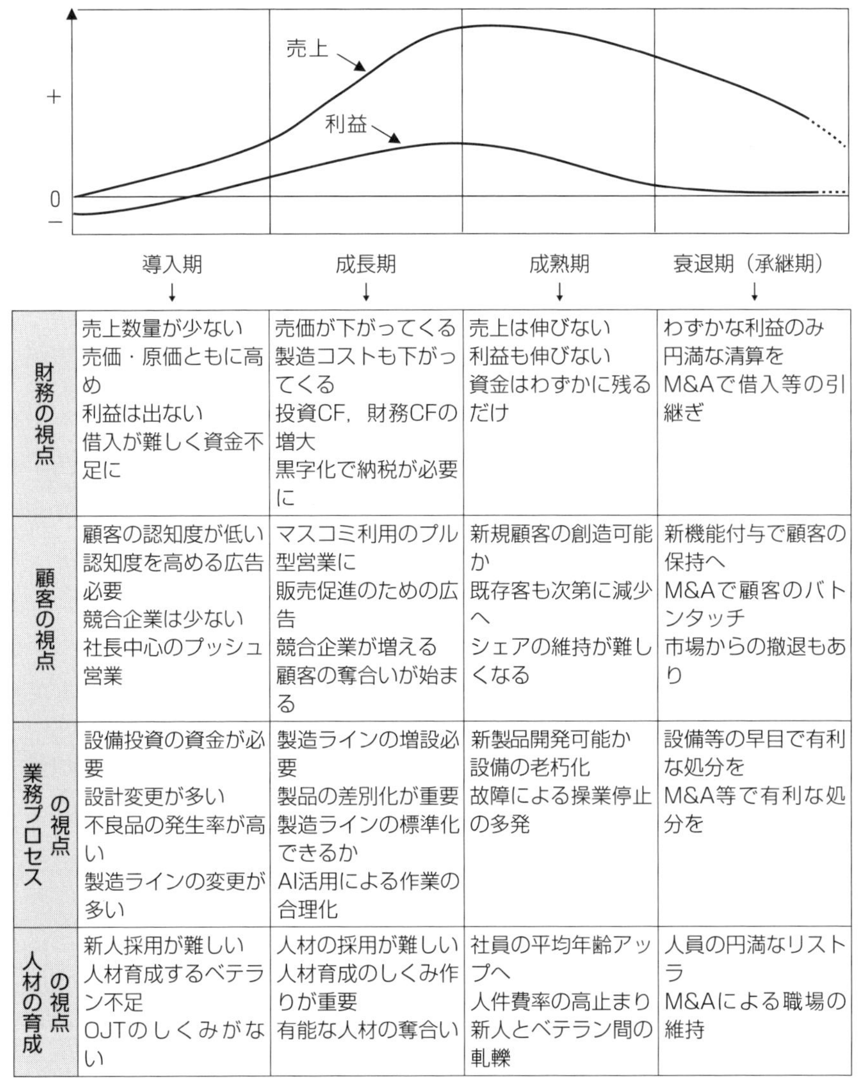

	導入期	成長期	成熟期	衰退期（承継期）
財務の視点	売上数量が少ない 売価・原価ともに高め 利益は出ない 借入が難しく資金不足に	売価が下がってくる 製造コストも下がってくる 投資CF，財務CFの増大 黒字化で納税が必要に	売上は伸びない 利益も伸びない 資金はわずかに残るだけ	わずかな利益のみ 円満な清算を M&Aで借入等の引継ぎ
顧客の視点	顧客の認知度が低い 認知度を高める広告必要 競合企業は少ない 社長中心のプッシュ営業	マスコミ利用のプル型営業に 販売促進のための広告 競合企業が増える 顧客の奪合いが始まる	新規顧客の創造可能か 既存客も次第に減少へ シェアの維持が難しくなる	新機能付与で顧客の保持へ M&Aで顧客のバトンタッチ 市場からの撤退もあり
業務プロセスの視点	設備投資の資金が必要 設計変更が多い 不良品の発生率が高い 製造ラインの変更が多い	製造ラインの増設必要 製品の差別化が重要 製造ラインの標準化できるか AI活用による作業の合理化	新製品開発可能か 設備の老朽化 故障による操業停止の多発	設備等の早目で有利な処分を M&A等で有利な処分を
人材の育成の視点	新人採用が難しい 人材育成するベテラン不足 OJTのしくみがない	人材の採用が難しい 人材育成のしくみ作りが重要 有能な人材の奪合い	社員の平均年齢アップへ 人件費率の高止まり 新人とベテラン間の軋轢	人員の円満なリストラ M&Aによる職場の維持

（出所）フィリップ・コトラー『マーケティングマネジメント（第４版）』村田昭治監修，プレジデント社，1983年，およびロバート・S．キャプラン，デビッド・P．ノートン『バランス・スコアカード―戦略経営への変革―』吉川武男訳，生産性出版，2011年，を参考に著者作成。

マーケティング戦略と収益性等の面でどのような機会があり，また，どのようなリスクがあるのかが明確になってくる。さらに環境変化に前もって対応し，主力製品が利益をもたらしている間に，新しい製品や市場を開拓することもできる。

図表２－13は，上部に製品ライフサイクルにおける売上げと利益の典型的な推移を示している。図表２－13の下部には戦略管理会計のツールであるバランスト・スコアカード（Balanaced Scorcard: BSC）の考え方に基づいて，製品ライフサイクルそれぞれの段階における課題と対応についてまとめている。図表２－13の下部に示したような方法で製品ライフサイクル段階に応じた課題と対応をまとめることで，中長期的な観点から企業をどのように経営していくか，経営戦略の方向性を明確にすることができる。

(3) 企業のライフサイクルに応じた経営計画の種類と特徴

前述のように，中小企業の場合，企業のライフサイクルは主力製品のライフサイクルに大きく左右される。**図表２－14**は，わが国において政策的に各種の補助金や助成金と紐づけて策定することが推奨されている種々の経営計画を

図表２－14　企業ライフサイクルと経営計画の関連

	導入期	成長期	成熟期	衰退期（承継期）
黒字経営	創業計画	経営力向上計画 BCP(事業継続計画) 早期経営改善計画	経営革新計画 販路開拓経営計画	事業承継計画
赤字経営		経営改善計画		

企業のライフサイクルに対応させて位置づけたものである。各段階で当該企業が黒字であるか，赤字であるかによって策定すべき計画の種類が異なるため黒字経営の場合と赤字経営の場合に大別している。

図表2－15は，2020年現在のわが国における公的支援制度と関連づけて各種の経営計画の概要を整理したものである。中小企業の経営資源に限ったことではないが，環境変化に柔軟に対応していくためにも公的支援制度を活用して企業経営を進めていくべきである。そのためにも経営者によりそって経営を支援する立場にある会計専門家は，公的支援制度の知識を持っておくことが望まれる。

図表2－15　各種の経営計画の概要

創業計画	早期経営改善計画
新たに創業し新たに従業員を雇い入れる場合に補助金並びに公的融資を受けることができる。 創業計画には以下の項目を織り込む必要がある。 ①売上計画・仕入計画 ②設備資金・運転資金の調達と返済計画 ③自己資金の調達 ④創業当初と軌道に乗った後の収支予測 一定の条件を満たした場合，以下の支援が得られる。 ①地域創造的起業補助金 ②日本政策金融公庫の融資	2017年に「早期経営改善計画策定支援」がスタートした。 早期経営改善計画は金融支援を目的とするものではないが，作成することによって以下のメリットが得られる。 ①自社の経営課題が明らかになる。 ②資金繰りの把握が容易になる。 ③金融機関に自社のことをより深く知ってもらえる。 なお，計画の過程で「ローカルベンチマーク」を活用するのが望ましい。 中小企業庁のホームページに早期経営改善計画のひな型が表示されている。 要件を満たせば20万円を上限に費用の補助を受けることができる。

経営改善計画

2012年施行の「中小企業経営力強化支援法」の下で始まった「経営改善計画策定支援業務」の一環としてスタートした。

(計画書に求められる要素)

①窮境原因の的確な把握
②妥当な戦略・改善策の選択
③実現可能なアクションプランの作成
④改善効果の財務諸表への適切な反映
⑤柔軟な軌道修正のしくみ作り

計画書のひな型は，中小企業庁や日本政策金融公庫のホームページ（簡易版と詳細版の２種がある）で表示されている。

要件を満たせば費用の３分の２（上限200万円）の補助を受けることができる。

経営力向上計画

2016年に新事業活動促進法に経営力向上が追加され「中小企業等経営強化法」として制定された。経営力向上計画は同法の下でスタートした。

(対象事業者)

①人材育成，②財務分析・強化，③経営能率向上，④販売に関する情報の活用を行おうとする中小企業および中堅企業
計画策定にあたっては業種毎に例示された「事業分野別指針」の採用が不可欠。

(メリット)

①即時償却または税額控除10%（資本金3,000万円超では７%）の選択
②金融支援
③ものづくり補助金での加点

経営革新計画

「中小企業等経営強化法」で認められている経営計画

(新事業活動の類型)

①新製品の開発または生産
②新役務の開発または提供
③新たな生産または販売の方式の導入
④役務の新たな提供の方式の導入等

実施期間(いずれか)	付加価値または１人当たり付加価値の伸び	経常利益の伸び
３年	９%以上	３%以上
４年	12%以上	４%以上
５年	15%以上	５%以上

(メリット)

①金融支援
②信用保証の特例
③ものづくり補助金での加点

販路開拓等経営計画

商工会議所の指導・助言のもとに販路開拓等の計画を策定し実施した中小企業に対し，小規模事業者持続化補助金（50万円が上限）が支払われる。

(取組みの内容)

①販促用チラシの作成・配布
②店舗改装・陳列レイアウト改良
③展示会等への出展
④新しいパッケージの制作
⑤ITを利用した販売システム（コンテンツマーケティング）

(補助対象者)

卸・小売	従業員５人以下
サービス業	（うち，宿泊業・娯楽業）従業員５（20）人以下
製造業他	従業員20人以下

事　業　承　継　計　画	BCP（事業継続計画）
事業承継税制の相続税および贈与税の納税猶予を受ける場合には「特例承継計画」を認定支援機関の指導・助言を受けて作成し，都道府県へ認定の申請を行う必要がある。 **（計画が提出できる期間）** 2018年9月1日～2023年3月31日 **（計画期間）**10年間 **（計画の内容）** 横軸に10年間を設定し，縦軸に以下の項目を設定し，年度毎に行うべき内容を記入する。 ⑴10年間の売上と経常利益の計画 ⑵現経営者と後継者の①役職（代表権）の交代，②株式の贈与，③民法特例（除外合意等），④自己株式の取得等についての計画 **（メリット）** ①要件を満たせば，相続税および贈与税の納税の猶予を受けることができる。 ②経営者と後継者の認識の共有化。 ③事業承継を機に経営革新等に挑戦する場合，「事業承継補助金の申請」が可能。	**（作成目的）** BCP（Business Continuity Plan）は災害等が発生した場合に備えてプランニングするもの。 **（内容）** ①自社の最重要事業を対象とする。 ②人，物，金，情報について災害に備えての事前対策（保険への加入，代替拠点の確保等）を決める。 ③災害発生後も重要業務を続けつつ，許容日数以内に復旧させるための計画作りと定期的な訓練の内容を決める。 **（その他の留意点）** ①年1回以上，現状確認を行い，見直し，改善を行う。 ②計画内容を社員全員が共有できるように書面化して配布等する。 ③新型コロナウイルス対策のためのBCPでは以下の項目の追加が必須 • 中核事業の縮小のレベルの決定 • 事業の長期縮小を想定した運転資金の確保への取り組み • 日頃からのテレワーク等の推進 • 日頃からの「三密の回避」と消毒用アルコールやマスク等の確保

●注

1　稲盛和夫『アメーバ経営―ひとりひとりの社員が主役―』日本経済新聞出版社，2006年参照。

2　適切な目標水準としての背伸びした実現可能な（Stretched but achievable）水準については，多くの研究が積み上げられている。Merchant & Manzoni, The Achievability of Budget Targets in Profit Centers, *The Accounting Review*, 64(3), 1989: 539-558.

3　直接原価計算の歴史や有用性についても多くの研究が積み重ねられているので，興味がある方は，たとえば，高橋賢『直接原価計算論発達史―米国における史的展開と現代的意義―』中央経済社，2008年，を手にとっていただきたい。

4　経営計画を出発点とするPDCAをまわす利点は，早め早めの対応が可能となることにある。これを管理会計ではフィードフォワード・コントロールという。フィードフォワード・コントロールについては，丸田起大『フィードフォワード・コントロールと管理会計』同文舘出版，2005年，を参照のこと。

5　大江秋津・岩井良和・岡田幸彦「新興企業における実態に即したビジネスプランと黒字化との関係の実証研究」『組織科学』49(2)，2015年，66-78頁。

外部環境の変化を捉えた企業の自己変革
―食肉加工卸売業の事例―

本章では，個人事業からスタートした中小企業が，経営環境の変化に適応していくうえで，会計専門家や経営管理システムがどのような役割を果たすのかＹフーズの事例を通じて学ぶ。1970年代から2010年代にわたるＹフーズの事例から，環境変化に対応してビジネスモデルを変化させてきたことと，新しいビジネスモデルを実現するために適切な意思決定が必要であったこととの理解をはかっていただきたい。

1　Ｙフーズの創業期

創業者の衣笠武雄氏は，広島県の田舎町で男３兄弟の次男として生まれ，兄弟で精肉小売業を営んでいた。その傍らで，武雄氏は，副業としてアイスクリーム屋を開業し，そのとき儲けたお金を元手に，1966年５月，新しく広島市内にできたスーパーの中の一画を賃借し，武雄氏自身のお店として精肉小売店を出店した。

スーパーでの精肉小売業は，年々着実に売上げを伸ばし，数年のうちに年商が5,000万円を超えるようになった。個人の所得税が高額になったこと，社員の新規採用でのメリット，そして，社会的な信用力をつけたい等の理由から，1970年に有限会社Ｙフーズへ組織変更を行った。

８年後の1978年には本店を新築するとともに，チェーンストアへのテナント展開をはじめた。新築本店は，300坪の敷地に小売店舗と工場を併設していた。

チェーンストアが市内に次々とスーパーを出店するのに合わせて，Ｙフーズもスーパーにテナントとして精肉小売店の出店を続けた。新築した本店のみから，３年後には本店と１～５号店合計６店のテナント網を築き上げるに至った。**図表３－１**は法人成り後の約10年間の売上高の推移を示している。

図表３－１　Ｙフーズの売上高の推移

（単位：千円）

1970年	52,200	1973年	57,405	1976年	63,060	1978年	68,720	1981年	275,037

図表３－１に示されているように，法人成りした1970年に5,220万円であった売上高は，11年後には２億7,500万円あまりへと５倍以上に成長していた。

問１　**顧客企業の売上げが急激に拡大しているとき，顧問税理士事務所としてアドバイスすべき重要項目は何か。**

業容を拡大する際にまず注意しなければならないのは資金繰りである。事業を運営していくために必要な「売上債権＋在庫－仕入債務」の金額を運転資金という。売上債権や在庫は現金化されるまでに時間が必要であり，仕入債務は支払いまで時間的猶予があるので，その差額の運転資金は事業に必要な支払資金の量を示している。

Ｙフーズのような「現金商売」の業種は，売上債権が少ないので「運転資金」はマイナスであるのが一般的である。反対に，医業のように，売上の多くが売上債権となる業種では運転資金はプラスとなるのが一般的である。運転資金の増加はキャッシュインフロー（入金）のマイナスとなるので，医業等においては，売上の増大の際には新たに資金調達が必要となる。

幸いにして，Ｙフーズは56頁で示すように「運転資金」はマイナスであったので，売上増大に伴いキャッシュフローも大きなプラスになり，新たな借入が必要となることは全くなかった。

1980年頃のＹフーズのビジネスをビジネスモデルキャンバスにより整理すると，**図表３－２**のようになる。

図表３－２　初期のＹフーズのビジネスモデルキャンバス

<table>
<tr><td rowspan="2">（キーパートナー）
精肉卸売会社
スーパー</td><td>（キーアクティビティ）
精肉加工
品質管理
精肉販売</td><td rowspan="2">（キーバリュー）
おいしい，
新鮮，安い，そして，気軽に買える</td><td>（顧客関係）
対面販売
調理説明</td><td rowspan="2">（顧　客）
地域主婦
（個人）BtoC</td></tr>
<tr><td>（キーリソース）
店舗設備
販売員
工場設備</td><td>（チャネル）
本店とテナント店舗</td></tr>
<tr><td colspan="2">（コスト（原価））
テナント料，仕入れ，給与</td><td colspan="3">（レベニュー（収益））
現金収入（貸倒リスク（小））</td></tr>
</table>

Ｙフーズのビジネスモデルキャンバスの左側は，第２章で学んだバリューチェーンの川上側に対応している。Ｙフーズでは，仕入先等（キーパートナー）から購入した物品に，自社の経営資源（キーリソース）を使って加工等（キーアクティビティ）を行い，顧客の求める価値（キーバリュー）を生み出していることがビジネスモデルキャンバスには示されている。Ｙフーズのキーバリューは，顧客である地域の主婦のみなさんに店頭に来てもらいお肉を実際に購入してもら（い調理し食べてもら）わないと実現しない。

ビジネスモデルの右側はバリューチェーンの川下側に対応し，キーバリューがどのように実現しているかを示している。Ｙフーズのキーバリューは，店舗という場所（チャネル）で顧客と対面販売（顧客関係）しながら，地域の主婦層（顧客）に商品を販売することで実現する。商品の付加価値はビジネスモデルキャンバスの左側から右側へと移行するに伴い付加され，最終的には，成果が右下（レベニュー）と左下（コスト）を対比することで示される。

2　精肉小売事業から業務卸事業へ

1980年頃から，外食産業は急激に市場を拡大していた。外食産業のめざましい発展に目をつけた武雄社長は，1982年４月に外商部を開設し，広島市とその周辺の居酒屋やレストラン等の飲食業への業務卸を開始した。

武男社長の判断は時代の流れの後押しを受けて，外食産業向けの業務卸売上高は順調に成長し，スーパーのテナントでの販売を中心とした精肉小売業に準じる事業となった。業務卸の製造加工は当初はテナント店舗の余力を活用して行っていた。顧客である居酒屋やレストランへ小まめに配送するため，自前のトラックを増やしたのもこの時期である。1982年当時のＹフーズの決算データは**図表３－３**のとおりである。

図表３－３　1982年の決算データ

（単位：千円）

貸借対照表			
資産の部		負債・資本の部	
科目	金額	科目	金額
現金預金	16,199	買掛金	11,070
売掛金	3,787	その他流動負債	2,361
棚卸資産	6,601	（流動負債合計）	(13,431)
その他流動資産	3,798	長期借入金	30,250
（流動資産合計）	(30,385)	（固定負債）	(30,250)
有形固定資産	29,431	（負債合計）	(43,681)
（うち，土地）	(　　0)	資本金	5,500
投資等	6,615	剰余金	17,250
（固定資産合計）	(36,046)	（資本合計）	(22,750)
資産合計	66,431	負債資本合計	66,431

損益計算書	
科　　目	金　額
売上高	321,897
売上原価	231,355
売上総利益	90,542
販売費及び一般管理費	86,503
営業利益	4,039
経常利益	2,819
税引前当期純利益	2,709
当期純利益	1,595

1年間で46,860千円急増している。

（注）原価計算は実施していないため，製造原価報告書は存在しなかった。

図表3－4は，Ｙフーズ業務卸事業をビジネスモデルキャンバスを用いて整理したものである。財務面では，地域の主婦相手の小売り（BtoC）ではなく，外食業相手の卸売（BtoB）となったことによって，現金商売ではなく売掛金によるビジネスとなったことが重要である。現金商売では心配する必要が少なかった資金繰りを管理する必要があるからである。

図表3－4　Ｙフーズ業務卸事業のビジネスモデルキャンバス

<table>
<tr><td rowspan="2">（キーパートナー）
市場（いちば）</td><td>（キーアクティビティ）
顧客管理
精肉加工
品質管理
配達</td><td rowspan="2">（キーバリュー）
おいしい，
新鮮，安い，
小まめな対応と配送</td><td>（顧客関係）
顧客開拓
継続取引</td><td rowspan="2">（顧　客）
居酒屋
レストラン

BtoB</td></tr>
<tr><td>（キーリソース）
工場設備
トラック
要員（営業・工場・配送）</td><td>（チャネル）
外商部担当者
トラック配送</td></tr>
<tr><td colspan="3">（コスト（原価））
仕入，経費（販売，配送）</td><td colspan="2">（レベニュー（収益））
継続的な売上（掛売上）</td></tr>
</table>

また，キーバリューに，居酒屋やレストランのニーズに応じた「小まめな対応と配送」が含まれたのに対応して，キーアクティビティ（顧客管理や配達）やキーリソース（トラック，営業，配送要員）やコスト（販売費や配送費）も変化していることに注意が必要である。

問2　**Yフーズのように，従来の事業に加え新しい事業を開始した場合，顧問税理士としてアドバイスすべき点はどのようなことか。**

Yフーズの主力事業が小売りと業務卸の２つになったことによって，武雄社長は会社の全体状況を把握しづらくなってしまった。そこで，Ｓ税理士事務所は，組織構造を二事業部制とすることを提案した。精肉小売業と業務卸業という２つの事業を明確に区分し，それぞれに責任者をおくことで，それぞれのビジネスモデルにあわせた管理体制が整うと考えたのである。

武男社長も二事業部制の提案に賛成し組織体制が新しくなった。それにあわせて管理会計面でも，Ｓ税理士事務所の助言を受けて**図表３－５**に示されてい

図表３－５　Yフーズの事業部別試算表

売 上 高	
（精肉小売業）	（　　　　）
（業務卸売業）	（　　　　）
売 上 原 価	
（精肉小売業）	（　　　　）
（業務卸売業）	（　　　　）
売上総利益	
（精肉小売業）	（　　　　）
（業務卸売業）	（　　　　）

るような事業部別試算表を導入することになった。これによって，それぞれの事業部の業績が明確になり，武雄社長は事業部制の状況と企業全体の財務状況を把握できるようになった。

1980年代当時のＹフーズでは，社内での業務プロセスは比較的単純なものであった。業務卸についても，肉を仕入れて，カットして販売するといったシンプルな業務がほとんどで，関連コストの種類も金額も多くはなかった。そのため，原価管理は経営上の重要な課題とはみなされておらず，売上原価は，仕入高に期首，期末の棚卸高を加減して算出するシンプルなもので，製造原価という概念も存在していなかった。

スーパーのテナント店舗を中心とした精肉小売業と，外食産業向けの業務卸業務を二本柱とした体制の下，Ｙフーズは順調に成長を続けた。その結果，1990年頃には，会社の従業員数は，パートを含めて50名を超えるようになっていた。また，1986年４月には，創業者衣笠武雄氏の長男である衣笠雄一氏が，1988年４月には，次男の衣笠哲二氏が相次いで入社した。

3　大手スーパー事業縮小への対応：食品加工販売事業への進出

ところが1992年，93年になると，これまでの成長を支えてきた前提条件がくずれてきた。地場の大手スーパーが相次いで事業規模を縮小しはじめたのである。その影響で，大手スーパーにテナント出店していた精肉小売の売上は下落していった。

問３　**当時のＹフーズのように，主たる事業の市場規模が縮小した場合，顧問税理士事務所としてどのようなアドバイスをすべきか。**

Ｓ税理士事務所の担当者も，Ｙフーズの小売り事業の売上が下落し始めていたことが気になっていた。そこで，Ｓ税理士事務所の担当者，武男社長に資金繰りが厳しくなる見通しを伝え，銀行借入を含んで当面の資金繰り対策を行う

べきであると助言した。資金繰りのめどをつけるとともに，精肉小売に代わる新製品・新事業開発にじっくり取り組んでいくことを勧めた。

企業継続のためには資金の枯渇は絶対に避けなければならない。Ｓ税理士事務所の助言の直後に売上がいっそう落ち込み，この売上急落によってＹフーズは赤字補塡資金と運転資金という２つの資金不足に陥った。しかし，前もって資金繰り対策をしておいたおかげで，特に問題なく銀行借入で補塡することができた。資金繰り対策を終えたＹフーズでは，武男社長のリーダーシップの下で，新商品開発を進めることにした。

Ｓ税理士事務所の担当者は，大企業のような信用に乏しく資金的制約が厳しい中小企業においては，一か八かの巨額な投資を行うことは避け，継続的な改善を少しずつ積み重ねていくことが何より大切だと考えていた。資金繰り対策を経験したところの武男社長も，同じ考え方を持っており，堅実な方向で新製品開発は勧められることになった。

新製品開発にあたっては，高付加価値化を基本として，これまでにＹフーズが精肉小売りや業務卸事業を通じて蓄積してきた経験を活かすことのできる分野としてはどのような分野があるのかが検討された。社内での検討の結果，「冷凍食品」と「お惣菜」をターゲット分野に新商品の開発を進めることが決定された。

高付加価値化を進めるためには設備投資が必要となった。しかし，Ｙフーズでは，高額な設備をいきなり購入するのではなく，段階的に調理加工設備の増設を図っていった。既存の設備を工夫して利用しながら，それでも必要な設備は，中古設備を購入したりすることで，できるだけ安く調達するようにした。

Ｙフーズは，スーパーにテナントをだしてきた経緯から，それまでにも投資意思決定の経験は豊富にあった。銀行借入に頼ってテナントを出店してきたため，銀行借入返済計画をもとに投資の判断が行われていたのである。武男社長は，テナント出店に伴う新規投資額（たとえば500万円）を，新たに増加すると思われる年間キャッシュフロー（たとえば100万円）で割った期間（この場合は５年，500÷100＝５）が借入金の返済期間と比べて長過ぎることにならないかをチェックしていた。設備投資をするにあたって，このように予想損益計算を行っていることは，銀行の融資担当者も評価してくれてきた[1]。

このような取組みのなかで，業務を縮小する他社から中古の設備を安価に購入することができるなどといった幸運も重なり，見栄えはよくないが機能的には十分な設備を順次導入することができた。投資リスクを背負って大きな計画を一気に実現するというのではなく，走りながら少しずつ投資していくという，いい意味で「なし崩し的」な設備投資が行われたのである。

4　販路拡大と株式会社Ｙフーズへの商号変更

新しく開発した冷凍食品やお惣菜は，今まで業務卸で築き上げてきた販売網を活用することで，販売は軌道に乗っていった。さらにコンビニベンダーへと販路が広がったことによって冷凍食品や惣菜の売上は順調に拡大した。1997年４月には，これまでの小売事業部と卸売事業部を統合し精肉事業部として，新たに冷凍食品・惣菜事業部を開設することで，新２事業部制となった。

鮮度の劣化が早い生鮮食品である精肉を扱っていたということもあり，これまでＹフーズの業務エリアは本店を中心とする県内に限定されていた。しかし，冷凍食品など消費期限が格段に延びた商品を扱うことになったことで，業務エリアは県外にまで大きく拡大することになった。

その効果は売上急増という形ですぐに現れた。そして，社会的信用力をさらにつけるために，2000年４月に株式会社Ｙフーズに商号変更し，資本金も1,000万円に増資した。

この頃には，精肉小売業からは，完全に撤退していた。売上の比率としては，外食産業（居酒屋，レストラン等）の卸売業が売上の約70％を占め，コンビニ

図表３－６　2000年頃までのＹフーズにおけるビジネスの変遷

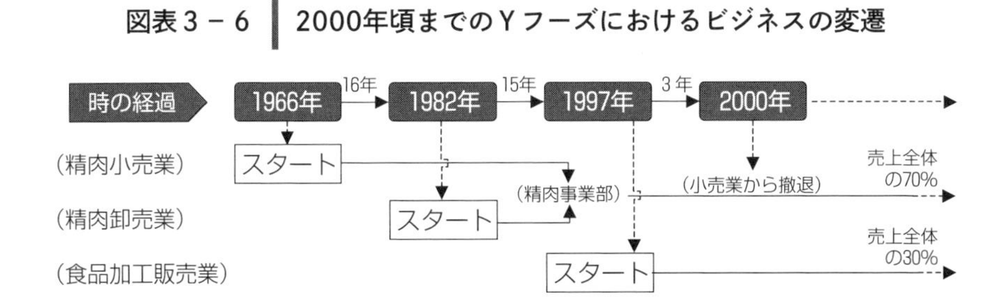

ベンダー等のための加工製造販売が約30%となっていた。**図表3－6**は，精肉小売業を出発点として，業務卸へと拡大し，食品加工販売へと転身してきたYフーズのビジネスの変遷を示したものである。

問4　**比較的シンプルな精肉加工を中心とする製造販売業務から，コンビニベンダー向けの加工食品製造販売へと業務が拡大するなかで，顧問税理士事務所としてどのような点をアドバイスすべきか。**

2000年頃には，売上高が10億に近づいてきて，卸売業の売上構成比率が70%を割り，製造業の比率が30%を超えるようになってきた。これを受けて，S税理士事務所としては製造原価計算の導入を武男社長にすすめた。合理的な売価決定と正確な決算書を作成するために，企業の実情に合った原価計算のシステムを導入する必要な段階に入ったと考えたのである。

ここでも投資意思決定のときと同様に，いきなり精度の高い原価計算システムを導入するのではなく，Yフーズの身の丈にあった簡便な方法の導入が進められた。S税理士事務所の指導のもとで，販売費及び一般管理費と製造原価を区分する程度の簡便な原価計算システムが構築された。これによって導入コストは小さくすることができた。

きわめて簡便な原価計算システムではあるが，これによって，どんぶり勘定であった売価設定が，まがりなりにも製造原価情報に基づいて行えるようになった。原価計算システムの導入によって，原価率（たとえば75%）を目安にした売価で顧客と交渉することができるようになった。

Yフーズが導入した簡便な原価計算方法は，製造にかかるコストを完全に把握するものではなかった。とくに原価計算上の仕掛品の扱いは不完全で，製造原価に反映されていなかった。不完全な原価計算をしていたため，たとえば，仕掛品が多い月は，総原価から仕掛品の中の原価が控除されないため原価が過大に表示され，利益計算が歪められるといった問題を抱えていた。

問5　**コンビニベンダー向けに多品種の加工食品を販売するようになったＹフーズに対して，顧問税理士事務所はどのようなアドバイスをすべきか。**

前述のように加工製造販売の主要顧客はコンビニベンダーであった。コンビニベンダー向けの業務においては，生産管理の３要素「品質」「原価」「納期」のうちの「納期」の重要性が格段に増加する。Ｙフーズとして，「品質」「原価」を維持しながら，コンビニベンダーが期待する「納期」に対応することが急務となっていた。

業務卸とは異なり，コンビニベンダー向けのビジネスは，扱う商品の数も格段に増えたうえ，不定期の小ロット受注にも柔軟に対応する必要がある。営業と製造がうまく連携して業務を行うことがこれまで以上に必要になるとＳ税理士事務所の担当者は考えていた。そこで，煩雑な受注業務への対応能力を向上するため，受注管理コンピュータシステムの導入を提案した。

2001年１月にＹフーズは，某ICT企業の最新受注管理システムを導入し，このことによって工場と事務所がオンラインで結ばれ，営業と製造の連携が格段に高まることになった。最新の受発注システムの導入にあたっては，Ｙフーズの担当者向けのメーカー側の専門家による特別研修が行われた。この特別研修には，Ｓ税理士事務所の担当者も参加した。特別研修に参加することで，新システム導入後の企業と税理士事務所の役割分担を明確にすることができた。

2002年８月に創業者衣笠武雄氏が他界した。後継者として，創業者の長男である衣笠雄一氏が代表取締役社長に就任した。広い人脈を有していた創業社長を失ったことと最新受注管理システム導入などの大きな設備投資を行ったことによる資金繰り悪化が心配されたが，実際は新社長の下で従業員の結束力がより高まり，また，設備投資の効果もあって業務の効率化が実現した。その結果，2003年期は売上および利益とも今までの最高額を達成できた。**図表３－７**は2003年度のＹフーズの決算データである。

図表３－７　2003年の決算データ

2002年４月１日～2003年３月31日　　　　（単位：千円）

貸借対照表			
資産の部		負債・資本の部	
科目	金額	科目	金額
現金預金	26,025	買掛金	109,467
受取手形	13,362	その他流動負債	4,950
売掛金	85,553	（流動負債合計）	(114,417)
棚卸資産	11,933	長期借入金	27,510
その他流動資産	7,200	（固定負債合計）	(27,510)
（流動資産合計）	(144,073)	（負債合計）	(141,927)
有形固定資産	43,403	資本金	10,000
投資等	22,920	剰余金	58,469
（固定資産合計）	(66,323)	（資本合計）	(68,469)
資産合計	210,396	負債資本合計	210,396

損益計算書		製造原価報告書	
科目	金額	科目	金額
売上高	900,127	材料費	570,350
売上原価	671,000	労務費	60,520
売上総利益	229,127	経費	40,130
販売費及び一般管理費	193,600	当期製品製造原価	671,000
営業利益	35,527		
経常利益	37,024		
税引前当期純利益	35,365		
当期純利益	23,219		

コンビニベンダー向け加工食品製造販売事業について，ビジネスモデルキャンバスにより整理すると，**図表３－８**のようになる。

図表3－8　Yフーズ加工食品製造販売事業のビジネスモデルキャンバス

（キーパートナー）	（キーアクティビティ）	（キーバリュー）	（顧客関係）	（顧客）
食品卸会社， 市場（いちば）	仕入検品，製造， 品質管理 出荷検査・配達	安定した品質 定時の納品 欠品のなさ 顧客と近距離	継続取引	コンビニベンダー BtoB
	（キーリソース） 製造工場 トラック 要員（工場・配送）		（チャネル） トラック配送	
（コスト（原価）） 仕入，人件費（工場，配送） 経費（工場，配送）		（レベニュー（収益）） 継続的な売上（掛売上）		

1980年代初めの地域の主婦を相手にした小売り事業から，外食業界相手の業務卸事業を経て，Yフーズのビジネスは卸売コンビニベンダー相手の加工食品製造販売事業へと変化してきた。Yフーズのビジネスモデルを整理した図表3－2，3－4，3－8を比べると，この変化は一足飛びのものではなく，それまでの経験を土台に徐々に進んできたものであることがわかる。徐々に進んできたというのは，小売り事業で活用していた経営資源の多くが業務卸事業でも活用され，業務卸で活用されていた経営資源の多くが加工食品製造販売事業でも活用されているような形で新しい事業が営まれているという意味である。今あるものを少し修正することで事業自体は新しい事業へと展開してきたことがビジネスモデルキャンバスの比較から見えてくる。その少しの違いが，要所要所での投資意思決定によって実現してきたことにも注意すべきである。

5　工場移転と資金調達

これまでYフーズは，創業間もない1978年に取得した工場が唯一の工場であった。しかし，広島市内の住宅密集地の中にある300坪の工場では，生産体制，物流体制，人事体制において限界が見えてきた。

生産体制として，大型の設備を導入したいと思っても，設備を置くスペースがない。物流体制としても，工場内に大型車が入ってくることができない。そのため，中型車で原材料を搬入し，製品化した後は，外部で大型車に積み替えて輸送しなければならないというコストと時間のロスの問題が生じていた。人事体制面でも，駐車場が近くに少ないことと，公共交通網からも距離があるため，通勤に不便な立地であった。従業員が高齢化してきたにもかかわらず，こういう立地条件もあって，新しい人材の確保が難しかった。

このような状況で，幹部会議や税理士事務所との打ち合わせの議題としても，広島市郊外への工場移転の件が頻繁に上るようになっていた。そこで移転先候補を探していたところ，「社長のご自宅から程近い場所に，何年か前まで缶詰工場として使用されていた土地建物が，銀行の管理下にあります」という話が舞い込んできた。

問6　**Yフーズのように移転先候補の工場が具体的にあげられた場合，顧問税理士事務所としてアドバイスできることは何か。**

S税理士事務所の担当者は，雄一社長にそういう舞い込んできた話の場合は，とくに注意していろいろと調べておくべきことがあると助言した。具体的には，不動産の登記簿謄本で権利関係を確認すべきこと，そして，近隣の売買事例を調査するだけでなく現地に足を運び周囲の状況等を実地に調査することなどである。

雄一社長からの依頼を受けて，S税理士事務所は，不動産業者などの協力を仰ぎながら，土地建物の評価や今後の発展性を調査した。これらの調査の結果，建物はかなり老朽化しているものの大型設備の設置も可能で，土地も3,400坪と広く大型トラックの出入りや，従業員のための駐車場も十分に確保できることが確認された。また候補地の付近は，近年，広島市のベッドタウンとして人口が増えており，労働者の確保も期待できるとのことがわかった。さらに，高速のインターチェンジも10分圏内にあるという好立地な場所であることが確認できた。このような調査報告を受けて，Yフーズは，2003年３月に工場を移転することを真剣に検討することにした。

問7 工場移転に伴う投資資金の調達にあたって，顧問税理士事務所はどのような点についてアドバイスすべきか。

銀行管理下にある物件ということで，比較的安価に移転先工場用地を購入する見通しはついたものの，現在のＹフーズの経営規模から工場移転の総投資額は決して小さな金額ではなかった。投資額を概算すると，土地，建物と付随費用に１億円，建物附属設備，構築物改修費用等に8,000万円，機械装置・器具備品等に3,000万円で合計２億1,000万円になった。これだけの投資に経済合理性があるかどうか，その検討が必要であった。

そこで税理士事務所は経営陣と協力して，工場移転による売上増大や金利の増加等を織り込んだ回収期間法で，回収期間を計算した。その結果，もっとも可能性の高いシナリオ予測の下では10年で投資資金を回収できる見通しがついた。売上が伸び悩むことなどを織り込んだもっとも厳しいシナリオの下で予測しても，15年で投下資金を回収できることがわかった。雄一社長としては，回収期間法の計算結果は投資すべきという意味であった。そこでこの計算を念頭に，銀行に融資を申し込んだ。

この投資経済計算結果は，銀行も評価してくれた。その結果，工場移転に際して設備資金として２億1,000万円，運転資金として4,000万円の合計２億5,000万円の融資を銀行から受けることができた。このようにして工場移転計画が具体化し，2005年年初に新工場が稼働し始めた。

問8 高付加価値の製造販売業務が主事業として成長した段階で，原価計算に関して顧問税理士事務所としてアドバイスすべき点は何か。

工場移転のタイミングで，S税理士事務所は，従来の簡便な原価計算方法の改善を提案した。従来の簡便法では，販売費及び一般管理費と製造原価を区分しただけであったが，仕掛品残高も考慮する本来の原価計算の姿にする方向である。

原価管理については，製造関連原価と販売管理費が明確に区分され，仕掛品も棚卸記録をもとに算出し，原価計算に反映させるようになった。また，売価の設定においても仕入高以外に加工費，資材費，運搬費，労務費等の変動費を含めて計算するようになった。

6　新工場の稼働と営業エリアの拡大

工場移転の少し前の2003年に，社長の妻である衣笠純子氏が取締役に就任した。子育てが一段落したことに加えて，新工場が広島市郊外の社長の自宅近くに移転することに決まったことから，就業可能な時間を増やす見通しがついた。純子取締役は，経理，人事総務の責任者として手腕を振るい，経営に関しても社長へのアドバイスも要所で行い，社内での存在感が際立つようになる。

2005年の新工場への移転に伴い，組織体制も刷新された。まず2005年に開発部門と品質管理部門が新設され，2006年には加熱生産部が開設された。その結果，2006年以降は，外商部，総菜部，加熱部，品質管理部の４事業部体制になり，営業エリアも中国地方全域となった。

さらに，2007年には関西に，2008年には関東に進出し，営業エリアが一段と拡大した。2010年に創業者の三男で，AIの能力に長けた社長の弟の衣笠雄三氏が入社し，関東営業所の所長として本格的に営業をはじめた。ホームページの作成や営業ツールの作成，信用情報会社の高い評価を得たことなどが相乗効果を発揮し，関東や関西の商社・外食チェーン店・コンビニベンダーからの受注が大幅に増加した。

営業エリアの拡大に伴って，得意先が，県内の居酒屋やレストラン等の飲食業から，関東，関西の商社，外食チェーン，コンビニベンダーへと多様化した。また，製造業務の比率が高まり，売上構成は卸・小売業30％，製造業70％に逆転した。

問9 新工場への移転や製造業務比率の増大に対して，顧問税理士事務所として注意すべき点はなにか。

新工場への設備投資により，人件費，償却費，設備の維持管理費等が大幅に増加することになった。これはコストコントロールの重要性が飛躍的に増大したことを意味していた。また，工場の敷地が広くなったため工場の設備のレイアウトをどうするかといった生産管理上の問題も新たに生じた。

新工場への移転や，営業エリアを中国地方から関西・関東へと拡大したことで，売上高が大幅に拡大した。同時に固定費も増大していた。販売費および一般管理費に含まれる固定費に製造原価の固定費が増えた結果，固定的な経費が大きくなっていた。そのため売上高が増大したにもかかわらず，収益性にはブレーキがかかっていた。

また，工場の敷地面積が広くなったことで，作業員の動線が長くなってしまった。動線の延長は作業効率の低下をもたらし，結果的に人件費が増大した。営業エリアの拡大と工場の動線延長という２つの要因がコスト構造を大きく変えてしまったのである。工場移転に伴い原価計算のレベルは上がっていたが，原価情報の活用は不十分であった。従来の売価設定の考え方を刷新する必要が生じていたのである。

そこで，顧問税理士事務所として，損益分岐点分析を体系的に活用する提案を行った。まず，現状の経費を固定費と変動費に分解し，固定費が増大している現実を正確にあぶり出した。固定費に焦点を当てることで，不必要な経費項目が明らかになり削減の方向が明確になった。

また，売価設定において限界利益率を用いる方針を定めた。原価や販売費管理費の中の仕入高や加工費，資材費，運搬費，労務費等の変動費の上限を売価の90％に，純利益を３％に設定した。これを営業方針として，社長以下営業担当者全員に周知徹底させ顧客との交渉を行うようにした。損益分岐点分析に基づくこれら一連の施策は大きな効果をもたらし，またたく間に利益率が向上し，利益も大幅に増加した。

図表3－9　2010年度の決算データ

（単位：千円）

貸借対照表			
資産の部		負債・資本の部	
科目	金額	科目	金額
現金預金	52,623	買掛金	140,285
受取手形	21,224	その他流動負債	9,855
売掛金	204,122	(流動負債合計)	(150,140)
棚卸資産	32,203	長期借入金	261,510
(流動資産合計)	(310,172)	(固定負債合計)	(261,510)
有形固定資産	225,403	(負債合計)	(411,650)
(うち，土地)	(62,050)	資本金	10,000
投資等	34,300	剰余金	148,225
(固定資産合計)	(259,703)	(資本合計)	(158,225)
資産合計	569,875	負債資本合計	569,875

損益計算書			
科目	金額	科目	金額
売上高	1,681,030	材料費	1,117,901
売上原価	1,361,634	労務費	141,610
売上総利益	319,396	経費	102,123
販売費及び一般管理費	271,106	当期製品製造原価	1,361,634
営業利益	48,290		
経常利益	50,120		
税引前当期純利益	49,221		
当期純利益	29,500		

なお，コスト削減において留意したのが人件費の扱いである。

Ｙフーズは比較的若い社員の割合が多いところから１人当たりの人件費の平均は，広島県の同年齢の社員の平均給与を若干上回る程度であり，労働分配率（人件費÷限界利益×100）も45％強で業界平均とほぼ同程度であった。

これらの事実を踏まえ，当面の間は人件費の抑制を考える必要性が低いことから今回のコストコントロールの範囲から人件費を外すことにした。この結果，社員の業務改善に対するモチベーションが大いに高まり，結果として，実績が当初の計画を大きく上回ることになった。人件費をコストコントロールの対象から外したことで社員のモチベーションがこれほど向上するとは，顧問税理士事務所も想定していなかった。

図表３－９は，新工場への移転の５年後の売上が大きく伸びた2010年の決算データである。

7　成長期から成熟期へ

前述した関東営業所開設（2010年）からの営業努力はすぐに成果を出し始め，関東，関西，中部地方からの大口の仕事が受注できるようになった。2010年９月には，大手産業給食企業向け日配の仕事を獲得するにいたった。

2011年３月の東日本大震災をきっかけとした冷凍食品の再評価も追風となった。保存性や簡便性に優れた冷凍食品の価値が消費者に評価されるようになったのである。また，震災によってBCP（事業継続計画）の重要性が意識されるようになり，サプライヤーの分散・多様化が進められたこともＹフーズにとってはプラスに働いた。商社や大手外食産業，コンビニベンダー等において仕入・外注リスクを低減させるため分散調達が進められ，Ｙフーズのような新規参入者にとっても大手と取引を拡大していくビッグチャンスとなった。またインバウンド旅行客の増加による外食産業の活性化も，受注量増大に寄与した。

さらに，Ｙフーズは2014年より，テレビCMを開始し，知名度拡大を図るとともに，企業イメージや信用力の向上に努めた。これもまた受注量増大に直結した。

問10 新工場移転後のさらなる売上高拡大に対して，顧問税理士事務所として支援する際に注意すべき点は何か。

しかし，新工場移転によって拡大した製造キャパシティを最大限活用するために行った営業努力は，確かに受注量の大幅な増大をもたらしたものの，逆に，納期を守れない状態をもたらすことにもなった。2014年３月には，受注量の増大に，生産量が追いつかない状態となり，納期を守れないことが頻発することとなった。かといって既存設備での対応の限界は明らかであった。経営者からの相談を受けた顧問税理士事務所は，老朽化した設備の更新方法に焦点をあわせて対応策を検討した。

検討の結果，顧問税理士事務所は成長期から成熟期に移行しつつあるＹフーズにとっては，合理化投資は不可欠であるとともに，今回の投資は2014年に施行された経済産業省の産業競争力強化法に定められている公的な支援制度である即時償却のメリット等を活用できるケースに該当することを報告した。受注拡大の追風が吹いている間に，高性能の食肉裁断装置や高速冷凍加工装置や食肉の運搬を合理化する設備など生産性向上設備を導入し，Ｙフーズのさらなる発展を実現しようという提案であった。この提案は，経営陣に歓迎され，速やかに実行に移され，期待した公的助成を獲得できた。

生産性向上設備導入と並行して，コンビニベンダー向け炭火焼製造ラインの構築や，外食レストラン向けの焼肉製造ラインの構築なども同時期に進められた。

納期問題に端を発した合理化投資を経て，経営管理システムを継続的に改善していく重要性が改めて認識された。そこで，Ｓ税理士事務所は，経営陣に食品安全管理に関する国際標準規格であるISO22000取得を目指してはどうかと提案した。ISO22000取得により，消費者や取引先からの信頼性向上と社員の食品安全意識の向上を図るべきと進言したのである。

顧問税理士事務所のアドバイスを受けてＹフーズは全社一丸となってISO22000の認証取得に取り組み，2017年３月に取得することができた。取得に向けた全社活動により，お客様からのクレーム数が激減したことは経営陣の自信につながった。

8　第3章の実務ポイント：経営戦略の方向づけに活用できる分析ツール

第3章の実務ポイントとして，経営戦略を策定する際に利用できる代表的な分析ツールであるPEST分析，5フォースモデル，VRIOフレームワーク，SWOT分析を紹介する。

第1章で紹介したように，経営戦略は競争優位を確立するための資源配分の基本方針である。経営戦略を策定アプローチには，外部環境の分析から戦略を作るアプローチと，内部環境の分析から戦略を作るアプローチがある[2]。

前者は，外部環境のなかで生き残れそうな場所はどこかを考えるアプローチであり，ポジショニング・アプローチとかアウトサイドイン・アプローチとかよばれている。別のいい方をすると，市場機会を発見することで経営戦略を策定しようとするアプローチである。後者は，自社の経営資源を活用して勝つためにはどうしたらよいか考えるアプローチであり，リソース・ベースト・ビューとかインサイドアウト・アプローチとかよばれている。別のいい方をすると，自社の特徴を理解することで経営戦略を策定しようとするアプローチである。現実には，2つのアプローチを組み合わせることが一般的である。

ここで紹介する，PEST分析と5フォースモデルは外部環境の分析ツール，VRIOフレームワークは内部要因の分析ツール，SWOT分析は内外要因を組みあわせて分析するツールである。なお，これらの分析とその解釈は事業毎に行うことが基本となる。

(1)　PEST分析によるマクロ外部環境分析

マーケティングの大家である，フィリップ・コトラーは，マクロ環境を**図表3－10**のように6区分した。

図表3－10　コトラーによるマクロ環境の6区分

人　口	人口の規模の大小や増加率，地域的な分布，年齢構成，有職主婦の増加等である。
経　済	人々の所得の増大や減少，物価の変動，為替の変動，消費性向の変化，開業数と廃業数等が考えられる。
自然環境	天然資源の枯渇，エネルギーコストの上昇，公害，自然災害の危険性等である。
技　術	AIの発達，医療分野の進歩，巨大発明・発見等である。企業の命運を決定する外部要因の中でも最もドラスチックな要素と言える。
政　治	法律や政府機関の介入の増大等の変化も企業のマーケティングの意思決定に大きな影響を与える。
文　化	その社会独特の信念，価値観，宗教上の生活行動の違い等が考えられる。

これら6項目のうち，人口・自然環境・文化の3項目を社会的環境として1つにまとめて，政治（Political）・経済（Economic）・社会（Social）・技術（Technological）の4側面から行うマクロ環境分析は，それらの頭文字をとって**PEST分析**とよばれている[3]。

⑵　5フォースモデルによるミクロ環境分析

外部要因のミクロ環境分析の手法として有名なものが戦略論の大家であるマイケル・ポーターの**5フォースモデル**である。**図表3－11**は5フォースモデルにおける5つの力の関係を示したものである。5フォースモデルでは，売り手・買い手・新規参入業者・代替品と競合他社（競争業者）の5つの力との関係で経営環境を理解する。

図表3－12に，5フォースモデルから競争激化の要因と緩和策を整理しておいたので，参考にしていただきたい。

⑶　VRIOフレームワークによる自社の内部要因の分析

自社の内部要因を分析する際に便利な分析フレームワークとして**VRIOフレームワーク**がある。VRIOフレームワークは，自社の経営資源について価値

図表3－11 ポーターの5フォースモデル

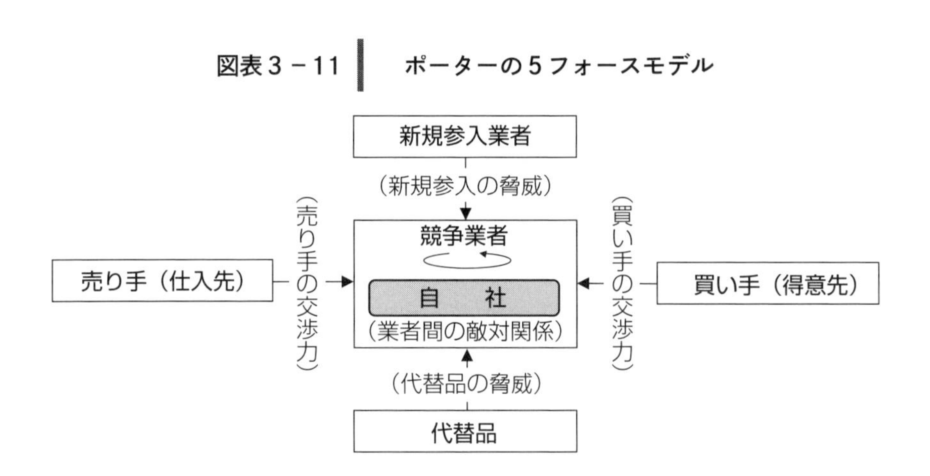

図表3－12 5フォースモデルによる競争激化の分析と緩和策

	競争激化の要因		緩和策
競争業者	①競争業者数が多い，またはパワーが同等 ②産業の成長率が低い ③固定費または在庫コストが大きい ④差別化がない，スイッチが容易	⑤生産力拡大のサイズが大きい ⑥競争相手の手の内が見えない ⑦戦略的に重要な市場 ⑧退出障壁が高い	規模を拡大し経営力を大きく伸ばす 競争業者をM&Aする 技術力を高め差別化する
新規参入	①規模の経済が働いていない ②初期投資が少ない ③差別化の程度が低い	④流通チャネル確保が容易 ⑤法的規制が緩やか	参入障壁を高くする
代替品	①類似の商品がある ②新しい代替品が出現する	③競合品の値下げがある ④模倣が容易である	工業所有権（特許権等）で保護する
売り手の交渉力	①売り手が集中または組織化されている ②代替品がない ③供給品が重要な製品の原料である	④業者を変更するスイッチングコストが高い ⑤供給業者が下方統合が可能なとき	他の仕入先を見つける 売り手とWIN-WINの関係を築く
買い手の交渉力	①買い手グループの集中度が高い ②製品の差別化の程度が低い ③スイッチングコストが低い	④買い手が上流に統合できる ⑤買い手の経営状態がよくない	新しい買い手の発掘 差別化の程度を高める

（出所）M. E. ポーター『新訂 競争の戦略』土岐坤他訳，ダイヤモンド社，1995年を参考に著者作成。

（Value）・希少性（Rarity）・模倣困難性（Inimitability）・組織（Organization）の4側面から分析しようとするものである。

「VRIO」フレームワークは，次の4つの問いによって構成されている。

① 保有する経営資源は価値（Value）があるか。
価値があると認められるのは，それらを保有していなかった場合に比べ，売上が増大するか正味コストが減少するかのどちらかの場合である。
② 価値ある経営資源を保有している競合企業は稀少（Rarity）か。
価値があると認められるのは，稀少である場合である。そうでない場合は，差別化ができないので競争優位の源泉とはなり得ない。
③ 価値ある経営資源の模倣困難性（Inimitability）は高いか。
類似の商品を製造するのに多大なコストを要したり，特許で保護されている場合は，競争優位が高いといえる。
④ 企業の組織（Organization）は，価値ある経営資源をフルに活用するように運営されているか。

図表3－13は，VRIOフレームワークによって，4つの問いを段階的に用いる際の進め方を示したものである。

図表3－13 VRIOフレームワークの進め方

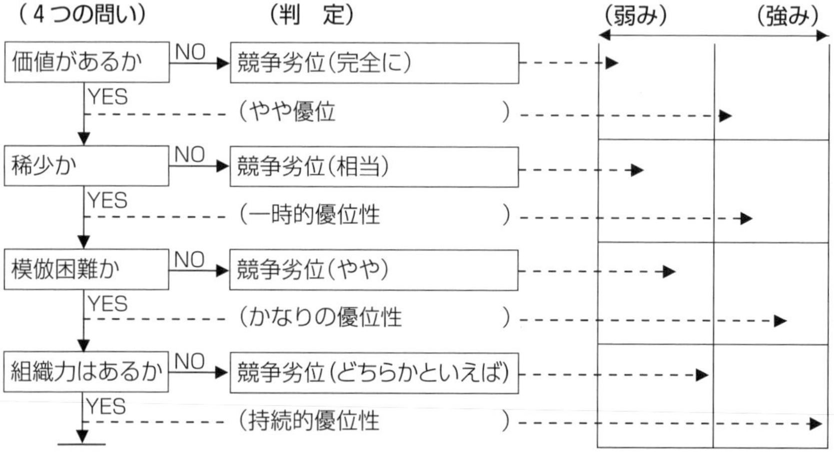

（4つの問い）　（判　定）　（弱み）　（強み）

価値があるか　NO→　競争劣位（完全に）
YES　（やや優位　）
稀少か　NO→　競争劣位（相当）
YES　（一時的優位性　）
模倣困難か　NO→　競争劣位（やや）
YES　（かなりの優位性　）
組織力はあるか　NO→　競争劣位（どちらかといえば）
YES　（持続的優位性　）

（出所）ジェイ B.バーニー『企業戦略論』岡田正大訳，ダイヤモンド社，2003年を参考に著者作成。

(4) SWOT分析による内外の環境要因を組み合わせた分析

SWOT分析とは，自社の特徴を，内部要因を強み（Strength）と弱み（Weakness）として，外部要因を機会（Opportunity）と脅威（Threat）として，組み合わせて分析し理解しようというものである。**図表３－14**は，SWOT分析を活用する際の手順を示したものである。

図表３－14にあるように，内部要因の強みと弱みを導出する際にはVRIOフレームワークを，外部要因の機会や脅威を導出する際にはPEST分析や５フォースモデルを活用することが望ましい。

図表３－14　SWOT分析の進め方

① 内部要因のＳとＷ（VRIOフレームワークを活用）

Ｓ（強み）	図表３－13の強みに該当する場合
Ｗ（弱み）	図表３－13の弱みに該当する場合

② 外部要因のＯとＴ（PEST分析や５フォースモデルを活用）

	Ｏ（機会）	Ｔ（脅威）
マクロ環境 (PEST分析)	PESTの変化が有利な場合	PESTの変化が不利な場合
ミクロ環境 (５フォース分析)	競合企業の数・力が小である。 仕入先，得意先の交渉力が弱い。 新規参入，代替品がない。	競合企業の数・力が大である。 仕入先，得意先の交渉力が強い。 新規参入や代替品が多い。

③ SWOT分析

内部要因	Ｓ（強み）	Ｗ（弱み）
外部要因	Ｏ（機会）	Ｔ（脅威）

SWOT分析によって導出された弱み・強み・機会・脅威は，それぞれ**図表３－15**に示されるように組み合わせることで戦略の方向づけに利用することができる。経営資源に乏しい中小企業の場合，クロス分析によって明らかにされた（Ｓ＋Ｏ）に該当する事業セグメントに経営資源を集中することが望まし

図表3－15　SWOTクロス分析による戦略の方向づけ

S＋O	該当する事業セグメントは積極戦略を採用する。
S＋T	脅威が差し迫ったものでなければしばらくは継続する。
W＋O	改善が可能であれば，改善戦略を採用する。
W＋T	縮小または撤退を選択する。

い。（S＋T）に該当する事業セグメントは，脅威に対抗して，差別化戦略等を採用することで競争優位を当面の間は保つことができる可能性が高い。（W＋O）に該当する事業セグメントの場合，改善に時間を要する場合は成功の確率が低下することを覚悟せねばならない。（W＋T）に該当する事業セグメントの場合は，損失の発生を極力抑えながら撤退し，他の市場セグメントへの転換を目指すべきである。

図表3－16は，SWOT分析を通して株式会社Yフーズの変遷をみたものである。多くの場合，強みと弱みや機会と脅威は同じコインの表と裏の関係になっている。自社のどのような内部要因を強みとみるか，外部要因の何を機会とみるかは主観的なものの見方に左右されている。主観的なものの見方を反映しているという意味で，SWOT分析は客観的なものではない。SWOT分析は，経営者が自分の考え方を整理し表現するしくみとして活用すべきである。

●注

1　Yフーズでの武男社長の投資意思決定は，回収期間法とよばれる考え方を知らず知らずに採用していたと考えられる。回収期間法とは，投資の回収期間（投資額÷年間ネットキャッシュインフロー）の長短でもって投資判断を行う手法である。回収期間法を含めて代表的な投資経済計算の考え方は，第5章の実務ポイントで解説しているので参考にしていただきたい。管理会計における投資意思決定の技法については，デリル・ノースコット著『戦略的投資決定と管理会計』上總康行監訳，中央経済社，2010年などが参考になる。

2　ここでは意図された戦略のみに説明は限定しており，創発戦略や戦略的文脈についての言及は行っていない。さまざまな戦略アプローチと管理会計の考え方については，チャップマン編著『戦略をコントロールする―管理会計の可能性―』澤邉紀生・堀井悟志監訳，中央経済社，2008年，を参考にしていただきたい。

3　フィリップ・コトラー『マーケティングマネジメント（第4版）』村田昭治監修，プレジデント社，1983年参照。

図表３－16　SWOT分析を通して見る株式会社Ｙフーズの変遷

西暦	企業としての取組み	同時期の外部環境の状況	SWOT分析			
			S	W	O	T
1966年	先代社長が精肉小売をスーパー内で開店	国内にスーパーマーケット急増の時代			✓	
1970年	有限会社へ組織変更	日本の戦後の高度成長期の終盤近く			✓	
1978年	本店（店と工場）新築，設備能力向上	オイルショック後の低成長期へ	✓			
	スーパーの出店に合わせ多店舗化スタート		✓			
1982年	外商部を開設し，業務卸スタート（新市場）	低成長期が続く	✓			✓
1986，88年	長男，次男入社（営業力，工場管理力アップ）	バブル景気の真っ只中	✓		✓	
1992年	大手スーパーの閉店が相次ぎ，小売売上ダウン	賃借していたスーパーの店舗の閉鎖		✓		✓
1993年	食品製造を開始した。商圏エリア拡大	バブル崩壊	✓		✓	
2000年	株式会社へ組織変更。小売りから撤退	この頃から全国的にコンビニ急拡大			✓	
2002年	先代他界，長男社長へ（経営陣の若返り）	－	✓			
2003年	社長の妻の取締役就任（経営管理力向上）	－	✓			
2004年	納期管理のためのコンピュータ導入	商品の品切れ等で得意先からの苦情増大	✓			✓
2005年	新工場完成，稼業スタート（製造能力向上）	全国的なコンビニチェーンからの受注増大	✓		✓	
	品質管理，商品開発部門新設（人材育成）		✓			
2006年	加熱生産部の新設（品質の向上）	－	✓			
2007年	中国，九州，関西に納品エリア拡大	－	✓			
2010年	三男入社（AIを用いたマーケティング展開）	リーマンショックで世界同時株安へ	✓			
2011年	仕入先の分散化で関東大手への納品スタート	東日本大震災発生	✓		✓	
2014年	工場の生産能力向上のため新設備導入	－	✓			
2017年	ISO22000（食品衛生の国際規格）取得	－	✓			

任せる経営
—フランチャイジーの事例—

中小企業の可能性は経営者の器によって決まる。経営者の器が大きければ企業は発展するし，器が小さければ企業の成長もすぐに頭を打ってしまう。社長の器をはかる1つの指標は，部下を育成し社長の分身をつくることができるかどうかである。京セラ創業者の稲盛和夫氏は「経営者の仕事は経営者の分身を作ること」だと喝破している。

本章では，飲食業のフランチャイジー数店舗を経営する熱血社長が，「なんでも自分でしなければ気が済まなかった」段階から，部下を育て自分の分身として活躍してもらうようになるまでに成長する姿を会計人の視点から学ぶ。

1　フランチャイジー経営：Y氏の事例

Y氏が社長として経営する㈱遊友商店は，東海地方の中核都市で中堅居酒屋グループのフランチャイジーとして4店舗を展開している。

Y氏は正真正銘の体育会系の人物で，学生時代は陸上の投擲種目でオリンピック選手候補にも選ばれた経歴の持ち主だ。Y氏は，有名人でいうと元プロテニスプレーヤー松岡修三さんのような性格で，熱いハートがそのまま言動に出るタイプである。若い頃から努力に努力を重ねた経験からか，粘り強く何事も一生懸命に前向きに取り組む人間だと信頼されている。

Y氏は居酒屋チェーン店を経営するまで，さまざまな職業を経験してきた。大学時代には専門学校で講師のアルバイトをしていたという。講師業が気に入り，卒業後もその専門学校で正社員として教えることを希望したが，正社員の枠が空かず，しばらくアルバイトの立場で講師を続けていた。数年経ってもアルバイトの立場から変わらない状況に見切りをつけて，とある自動車会社に就職し営業職についた。当時，自動車会社での営業の仕事は大変厳しいもので，今の時代ならばブラック企業といわれかねない状況だった。そのような環境でも，Y氏は自分自身よく働いたと自負している。その自動車会社を退職した後，国会議員の秘書や広告代理店の営業，福祉施設の施設長，と仕事を転々としていた。どの仕事もしっくりこず過ごしていたところ，知人のU社長に紹介されたことがきかっけで，居酒屋チェーン店のグループ本社に入社することになった。2008年のことである。

グループ本社に入社してすぐY氏はとある直営店の副店長を任せられた。近い将来に店長となり現場で修行したうえで次のステップを目指すという話であった。副店長として手腕を発揮し，頭角を現したY氏は，周りから一目おかれるようになった。そのようななか，直属の上司である店長の不祥事が発覚し，Y氏が店長に就くことになった。店長としても経営手腕を評価されるようになったY氏は，独立して自分の店舗をフランチャイジーとして持つことをグループ本社から勧められるようになった。

問1　Y氏のようにフランチャイズ店舗を開業しようとする相談者に，税理士事務所としてどのようなアドバイスをするか。

Y氏が独立したのは，前述のような周りからの評価に加え，昔からの知人でありY氏が尊敬する親友のU社長の強いすすめがあったからである。U社長は不動産業を営んでおりY氏の学生時代の部活の先輩にあたる。U社長は，Y氏が居酒屋経営に秀でていることを見抜き，独立することでさらにその才能が発揮できると考え，空店舗を紹介した。立地条件にもすぐれ，居抜きで開業できるため初期コストも少なくてすむという好条件であった。

開業に必要な知識や情報の多くはU社長の協力によってスムーズに得ること

ができた。店舗だけでなく，設備業者や金融機関の紹介などもU社長は労をいとわずY氏を支援した。金融機関との交渉にあたってU社長は前もってY氏の返済計画に目を通し，アドバイスを行った。Y氏はこのようなU社長の協力を受けて，借入金500万円を受けて独立開業した。2010年のことであった。**図表4－1**は，銀行から融資を受けた500万円の借入金返済計画である。居抜きの空店舗を活用できたため，借入金は控えめな金額で収まったこともあり，毎年100万円の元金を返済することで，5年間で完済する計画となった。

図表4－1　毎年の返済計画

(単位：円)

年間利益	税金	税引後利益	償却費	営業キャッシュフロー	借入返済	余剰金
900,000	300,000	600,000	540,000	1,140,000	1,000,000	140,000

2　1号店の成功

駅前に出店した1号店は，Y氏の店舗経営能力に立地のよさが加わり，客足の絶えない人気店となった。遊友商店1号店は，中堅居酒屋フランチャイズ加盟店として，串焼きを中心にした豊富なメニューをリーズナブルな価格で提供できる土台のうえで，しっかりしたスタッフ教育ができていることが成功のポイントだった。

遊友商店は，フランチャイジーとして，本部から指定されたメニューと，店舗オリジナル商品を提供している。メニューは焼き鳥を中心にその他さまざまな創作料理を出している。焼き鳥は本格的な炭火焼で調理しており，美味しさとボリュームから人気のメニューになっている。客単価は1人2,500円程度で，宴会の場合飲み放題付きで3,500円位である。飲み物はビールや焼酎だけでなく，カクテルやハイボール，ノンアルコールなど若い世代にも楽しんでもらえるメニューを準備している。最近の傾向として，食事の最後にデザートを注文する顧客が増えている。スイーツブームに便乗しているわけではないが，そういう顧客の要望に応えるため，各種ケーキに，濃厚プリンやタルトなどこだわりの創作スイーツをオリジナル商品として提供している。客層はファミリーや大学生が中心である。こういう客層に，本当の美味しさを，気軽に味わっていただけるようメニューや価格を工夫するよう心がけている。

図表４－２は開業初年度の１号店の損益構造である。余裕をもって元金返済ができる水準であった。

図表４－２ ｜ １号店の損益構造

売上（月間）	2,500,000円	2,500円（客単価）×40（人）×25（営業日数）
変動費	1,000,000円	2,500,000円×40%＝1,000,000円（仕入代）
固定費	1,125,000円	家賃408,000円，給与（社長）300,000円，（従業員）325,000円，償却費45,000円，他47,000円
利益（月間）	375,000円	年間利益＝375,000円×12＝4,500,000円

問２ **遊友商店のような損益構造を持った飲食店にとって，重要なKPIは何か。**

答　飲食業では，一般に食品原材料のロス率が重要なKPIである。遊友商店の場合フランチャイジーのメリットとして食品のロス率は低い水準に保たれていた。

そのため遊友商店にとっての重要なKPIは，売上に関する客単価であり，それを確保するための固定客の割合の増大である。また，スタッフのレベルの高さが固定客の確保につながるところから従業員定着率もKPIの１つとなる。

図表４－３ ｜ KPI

重要なKPI	１日当たりの平均客数
	客単価
	固定客の割合
	従業員定着率

---

(1) フランチャイジーのメリット

遊友商店が加盟している中堅フランチャイズは，加盟店にロイヤルティを求めない代わりに，焼き鳥等の仕入先をフランチャイザーにすることが決まっている。経営母体のフランチャイザーは鶏肉卸で60年の実績を持ち，焼き鳥等はフランチャイザーが運営する直営工場から店舗へ直接配送されるしくみである。ブランド鶏肉を使用し，直営工場から直送するしくみを活用することで，加盟店は焼き鳥について「ブランド」「味」「鮮度」「価格」「ボリューム」を高い水準でバランスさせることができる。このような，トータルな品質の高さが1号店のコア・コンピタンス（他社が真似できない中核的な価値）となっており，これはフランチャイザーによって支えられている。

(2) 経営方針としてのアルバイトの教育

Y氏は，財務管理的には，仕入原価を40％に抑えることを目標に経営している。Y氏は，さまざまな職種を経験したなかで財務数値を通じて物事を見る習慣がついていたので，営業終了後に自分で帳簿整理や自計化データの入力をし，その日の粗利を計算していた。仕入原価率については，特に意識してグラフ化していた（**図表4－4**参照）。

図表4－4　仕入原価率の記録

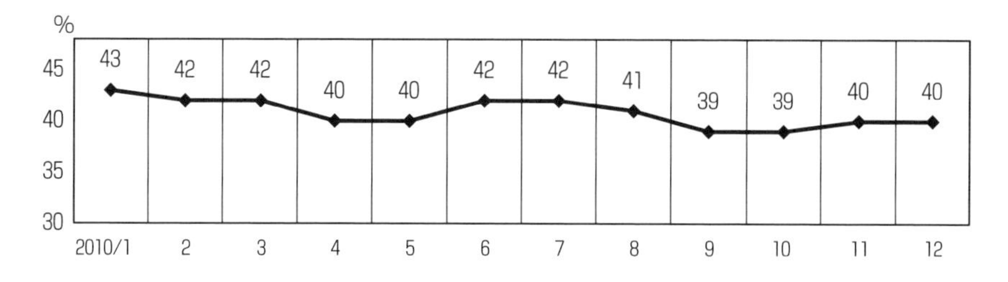

居酒屋店舗経営上のポイントとしては，前述のようにスタッフ教育がある。1号店を開店した当初，Y氏以外のスタッフは全員アルバイトとパート契約であった。近くに大学が複数あるため，学生アルバイトの採用は難しくないもの

の，長く働き続けてもらうことは難しい環境である。学生アルバイトに仕事を覚えてもらって，やっと一人前になるころには社会人となって巣立っていく。このサイクルの繰り返しを根気よく続けるしかないとＹ氏は考えていた。

学生アルバイトの教育という観点から見ると，Ｙ氏の個性や経歴はプラスに働いている。専門学校で講師として生徒を教えた経験や，体育会部活での経験に加えて，Ｙ氏の感情を前面にだす指導スタイルが，学生アルバイトの成長を促進していたのは間違いない。Ｙ氏は，スタッフ一人一人のやる気や仕事ぶりに自然と目が行き，接客の勘所や報・連・相の段取りなど細かい部分まで丁寧に指導していた。しかも，いい意味でも悪い意味でも情熱的に指導するもので，相性のよい体育系のアルバイト学生などの場合，仕事の仕方だけでなく人間的に急激に成長するほどであった。フランチャイズ加盟店のなかでも遊友商店のアルバイトスタッフのレベルが高いことには定評があった。

3　Ｙ氏の悩み

１号店の成功に気をよくしたＹ氏は，Ｕ社長のすすめもあり多店舗展開を目指し，２号店から４号店まで次々と店舗を増やしていった。

問３　**Ｙ氏のように１号店の成功を土台に多店舗展開する顧客に対して，顧問税理士事務所はどのようなアドバイスを行うべきか。**

多店舗展開を実現するために必要な資金は，銀行借入を中心とする方向でＹ氏は考えていた。Ｙ氏の相談を受けた顧問税理士事務所の担当者は，返済計画の妥当性を検討した。借入金の年間返済額は，償却前営業利益（EBITDA）をもとに計算した。またリスクマネジメントの観点から，新規開業した店舗の業績が思わしくない場合は早期に閉店する選択肢も視野に入れておくことの重要性を説明し，経営実態に合わせた柔軟な施策をとれる事業計画の立案を支援した。

１号店の好業績が高く評価され銀行から積極的な融資を受けることができた

こともあり，Ｙ氏は２～４号店と次々と店舗を増やしていった。開業前に資金計画を細かく詰めていたこともあり，資金繰り的には問題はなかった。

１号店から４号店に至る設備投資の実際は**図表４－５**の通りである。空店舗を居抜きで利用できた１号店と３号店は，設備投資額や借入額が小さく収まっていることが確認できる。

図表４－５　設備投資額

（単位：千円）

部　門（店舗名）	開店年度	設備投資額等	借入額	年間返済額	（参　考）月間賃貸料
１号店	2010年	3,350	5,000	1,000	408
２号店	2011年	22,500	26,000	2,000	408
３号店	2012年	2,500	0	0	307
４号店	2013年	28,700	35,000	1,900	402

(1)　多店舗展開と人材の確保

しっかりした事業計画と資金計画を策定したおかげで，Ｙ氏は創業企業が苦労しがちな資金繰りについて悩むことはなかった。しかし，多店舗経営を展開することで，経営的に深刻な問題が表面化した。Ｙ氏に代わって店長を務める人材の確保である。新規店舗の店長はＹ氏自身が務めるとして，Ｙ氏に代わって誰が既存店舗の店長を務めるかという問題である[1]。

遊友商店２号店を開業するにあたって，１号店のホールスタッフを昇進させ店長に任命し，１号店の切り盛りを任せることとした。２号店の店長はＹ氏が務め，新店舗である２号店の立ち上げをすすめた。３号店開業時には，２号店のホールスタッフを店長に昇進させ店を任せて，３号店の店長はＹ氏が務めた。このようにスタッフを昇格させて既存店舗の店長に就け，新規店舗の店長はＹ氏が務める方式を４号店開業まで繰り返してきた。しかし，２号店を開業してほどなく顧問税理士事務所の担当者はＹ氏から愚痴を聞かされるようになる。

Ｙ氏がいうには「せっかく店長を任せても，あいかわらずホールスタッフの気分が抜けないんだな。俺が言わないと動かない。それじゃダメなんだよ。」。

一方，1号店の店長に聞くと，「僕が実力不足なのが悪いんですけど，社長に叱られるともうどうしたらいいかわからないんです。」「社長がホールスタッフに細かい指示を出すんで，僕のほうをだれも見なくなってる。」「この前，少し売上げが落ちたときなんか，社長が急にやってきて，バイトのスタッフに指示を出して，バイトの反応が遅いと自分で接客し始めて，その後で社長がバイトを感情的に怒るのでバイトも辞めてしまったんです。」

Y氏の教育方針は，学生アルバイトのスキルアップには向いていたが，店長育成には問題があった。本来は店長の仕事である細かな部分にまで口だししてしまい，しかも感情的な指導スタイルのため，店長が萎縮してしまったのである。その結果，社長と店長，店長と従業員の間のコミュニケーションがぎくしゃくしてしまい，前述のように，間にはさまれた従業員が辞めてしまうといったこともでてきた。

(2) 店舗管理のしくみとその限界

2号店を開業した当時，店舗を管理するしくみや業績評価のルールは何もなかった。Y氏の悩みを聞いてすぐに，以下のような業務毎の必要技量を明らかにするチェックリストを作成し利用するよう税理士事務所としてアドバイスした。そして出来上がったのが**図表4－6**の技量チェックリストである。

図表4－6　技量チェックリスト

フロアー部門		調理部門	
必要技量	評価	必要技量	評価
①笑顔で接客ができている		①調理・味付けの技量が高い	
②オーダー取りが的確である		②注文から調理を終えるまでが早い	
③固定客の名前を憶えている		③新しいメニュー開発に熱心である	
④店内の5Sを徹底して行っている		④食材の鮮度を見る眼は確かである	
⑤クレーム対応が的確で改善につなげている		⑤仕入原価の低減に常に留意している	
⑥レジの扱いが速く的確である		⑥調理場の衛生管理は行き届いている	

この技量チェックリストを用いて，各店の店長が5段階評価で各人の技量を評価するようになった。このような工夫を行ったことで，各店のフロア担当者の技量レベルは安定した。しかし，店舗のオペレーションの改善と，店長の成長とは話が違った。店長の成長は思ったようには進まなかったのである。

問4 **遊友商店において技量チェックのような管理規定（社内ルール）を設けても，店長の成長が思ったように進まなかったのはなぜか。**

答　Y店員の成長は，各人が受け持つフロアーや調理等の各部門の定形的な業務をミスなく効率的に行えるようになることであり，この管理のためには「技量チェックリスト」は実務的に有用である。

しかし，店長の役割は，各店の店員が各店の置かれた環境でいかに共通の目標の下で協力し合い，努力の結果の目標達成を共に喜び合う社風作りを醸成するかにある。このような組織風土を作るためには，社員がストレスを感じることなく自己をさらけ出すことのできる「心理的安全性」を高めることが重要である。

このような取組みの具体例としては，以下のようなものがある。

① 組織横断的なチーム（メンバー数は5～6人程度）を作る。

② チームで自由に意見交換ができる場を設ける。

③ 上司として部下の質問については真摯に受けとめ一緒に考えてあげる。

④ 失敗を非難することなく，失敗例をテーマにした勉強会を開く。

⑤ 会議の前にはアイスブレイクで和ませる。

⑥ 会議では指名等をして発言の機会が均等になるよう配慮する。

---

(3) 「店長が育たない」のか「育てていない」のか

2号店開業まもなくに判明した店長問題が解決されないまま，よい物件があるということで遊友商店は，3号店，4号店と店舗数を増やしていった。Y氏は，これまで以上に必死に働き，店舗の現場業務から日々の帳簿整理に自計化データ入力，月末には給与や社会保険関連の計算も自分で行っていた。しかし，

Ｙ氏の必死の努力にもかかわらず，思ったような業績にならず，多店舗展開は裏目に出てしまっていた。

Ｙ氏の悩みは，顧問税理士事務所から見ると，「店長が育たない」ということだった。Ｙ氏から見ると，店長は「自覚がない」「利益追求の努力が見えない」「アルバイトの指導ができない」だった。Ｙ氏は，各店長のモチベーションを上げようと飲み会やらBBQなどさまざまなコミュニケーションをはかったが，思ったような反応が返ってこなかった。Ｙ氏は多店舗展開が失敗だったかもしれないと思い始めた。

税理士事務所担当者は，Ｙ氏と店長達の中間世代にあたる30代後半の女性だった。彼女から見ると，昭和の体育会系の社長と，ゆとり世代とよばれる各店長の精神世界は全く異なっていた。どちらが悪いということではないが，現実の問題として，社長がゆとり世代にも伝わる指導方法を身につけてもらうしかないように思えた。そこで，彼女は失礼かと思ったが思い切って，「現実に今のやり方だとご自身の体力も続かなくなるし，人に任せないとダメな経営規模になっていますよ」と社長に伝え，他社の実例等を交えて何度も社長と話し合った。

Ｙ氏は，いい意味でも悪い意味でも，自分と他人を区別しない。自分にしてほしいことを他人にもしてあげようと努力する裏返しとして，自分にできることは他人もできて当然という意識があった。だから，店長が自分のようにできないと「努力が足りないからできないのではないか」と精神論で指導してしまいがちだった。しかも，感情で話すので，言葉足らずになりがちで，若い世代の店長からすると社長の思いが逆に負担になっていた。

問５　**Ｙ氏のような熱い思いを若い世代に伝えるために，会計知識はどのように活用できるか。**

税理士事務所の担当者の説得が功を奏して，Ｙ氏は自分の役割の再定義を行うことにした。Ｙ氏は，自分が店舗の現場で頑張ることと経営者として努力す

ることは別のことだと理解した。そこで，店長を育て取りまとめる役割と，そのために経営者として基本方針を明確にして伝えることを自分の目標とした。

そこで，遊友商店の使命を「友と食べ遊ぶ場所を提供することで豊かな社会に貢献すること」と経営理念を明確にした。そのうえで，この経営理念を実現できているかどうかを，売上額と利益額で確認するという方針を設定した。お客様に食べ遊ぶ場所として遊友商店を利用してもらえれば，それだけ売上が伸び，利益も確保できると考えたからである。この考え方に従って，各店舗別に目標を設定した。

問6 **遊友商店のような飲食業で店舗別の目標として相応しい指標はどのようなものか。**

答 飲食業における店舗別のKPIとして実務的によく活用されている指標例を**図表4－7**に示しておく。

図表4－7 店舗別のKPI

① 従業員１人当たり売上	④ 労働分配率（給与/限界利益×100）
② 坪当たり売上	⑤ 債務償還年数
③ 客単価	⑥ 従業員定着率（注）

（注）$\left(1-\dfrac{\text{年間離職者数}}{\text{（期首社員数＋期末社員数）÷２}}\right)\times 100$

4　目標利益の設定と実績の共有による店長の成長

遊友商店では，各店舗の月次の目標営業利益が設定された。立地条件のよいところは賃料が高くなっていることを店長に意識してほしいからであった。銀行への利払いについては，借入れ条件が店舗毎に異なっているので，営業外損益については店舗レベルではなく本部のほうの責任とした。店長には，目標の達成度合いによって金額が決まる手当が支給されることになった。当初は，半年毎に予実対比し，目標利益を上回った額の７％を店長手当としてボーナスに上乗せすることにした。

各店舗の毎月の目標は，社長と店長が集まって毎月開く店長会議で決めることにした。といっても実際には，社長がこれまでの実績や返済計画などをもとに作った目標が店長会議で共有された。毎月開催される店長会議では，前月実績が損益計算書として公表されるとともに，次月の目標利益の共有が図られるようになった。

それ以前は，各店長は会社全体としての資金繰りや損益はおろか，それぞれの店舗の財務業績がどうなっているか，数字をみることもなくほとんど理解もしていなかった。本部の運転資金や銀行への借入返済，納税資金など，各店舗が生み出すキャッシュでそれらをまかなわなければ会社が立ち行かなくなることを，全くわかっていなかった。

店長会議を開始し損益計算書を公開した当初は，前述のように各店舗の目標利益超過額の７％を店長手当として支給していた。しかし，店長たちの希望で新しい方式に変更することになった。

会社全体の経営が見えていなかった頃は，店長の給料が安いと不満があったが，財務業績の意味と実態を理解するようになってくると，給料に関する店長の考え方も変わってきたのである。店長も，収入が半年毎の業績で左右されるような形よりも，会社の発展と歩調を合わせて自分たちの待遇が改善されることを希望するようになった。現在は，年１回のベースアップと会社全体の業績と連動した賞与や特別手当を支給する体制になっている。

店長会議で損益計算書を公開するようになってからは，徐々にではあるが店長たちの自覚が向上していった。店長会議で，生の会計データに基づいて，会社や店舗の経営について議論したことが，店長の自覚を促すことになったのは間違いない。上から指示されたからではなく自らの意思で考え行動することによって，店舗の業績が変わることを各店長も実感するようになった。社長から言われたからでなく，自分の責任として店長としての仕事を受けとめるように

図表4－8　開業当初と現在の決算データ

貸借対照表　　(単位：千円)

資産の部			負債・資本の部		
科目＼年度	2010年度	2017年度	科目＼年度	2010年度	2017年度
現金預金	5,051	16,181	買掛金	1,658	7,703
売掛金	201	1,259	その他流動負債	652	6,555
棚卸資産	258	1,308	(流動負債合計)	(2,310)	(14,258)
その他流動資産	798	2,876	長期借入金	4,500	39,500
(流動資産合計)	(6,308)	(21,624)	(負債合計)	(6,810)	(53,758)
有形固定資産	2,950	39,750	資本金	3,000	3,000
投資等	1,000	3,000	剰余金	448	7,616
(固定資産合計)	(3,950)	(42,750)	(資本合計)	(3,448)	(10,616)
資産合計	10,258	64,374	負債資本合計	10,258	64,374

損益計算書　(単位：千円)

科目＼年度	2010年度	2017年度
売上高	31,550	145,800
売上原価	12,654	55,404
(売上総利益)	(18,896)	(90,396)
販売費・管理費	18,054	83,752
(営業利益)	(842)	(6,644)
営業外費用	138	1,043
(経常利益)	(704)	(5,601)
法人税等	256	1,750
当期純利益	448	3,851

なっていった。

店長たちの自覚は，店舗毎の運営の違いに反映されている。それぞれの立地条件にあったオリジナル商品やサービスについて，Facebook，TwitterやLineなどを用いたプロモーションを行うようになった。近隣の学生がよく利用している2号店では，新歓コンパや学期末の打ち上げなど学生の年次行事に連動した企画サービスをこまめに提供している。大規模マンションが近くに立地している3号店では，チラシをポスティングし，家族連れが楽しめるお得な機会として「焼き鳥祭り」を開催したりした。駅前から少し離れているが広めの駐車場を確保できている4号店では，昼・夜ともに女子会がよく開かれているため，女子会向けオリジナルメニューの開発や，曜日によってレディース割引をしたりして客足を伸ばしてきている。

店長たちは，毎夕スカイプで店長会議を行うようになった。お互いに刺激し合って，協力しつつ競い合い利益を伸ばすようになっている。

遊友商店に限らず，居酒屋事業は季節変動の影響が大きく，日々の現場の課題をきちんとクリアーしていくことが，経営の基本となる。

遊友商店では，店長に任せる経営体制が確立され，当初のY氏の悩みはほぼ解決された。社長の意識も店長に任せる方向に大きく変わり，それぞれの店長の意識やスキルも大幅に向上した。

Y氏の今の悩みは，それぞれの店長にどうやって独立開業をさせていくかである。前頁の**図表4－8**は開業当初と現在のそれぞれの決算データである。

5　本章の実務ポイント：創業計画の策定

㈱遊友商店は，Y氏のリーダーシップと周囲の協力で無事に「導入期」を乗り越えることができた。しかし，導入期から成長期へ無事移行できる企業の割合は決して高くはない。創業する企業にとって，「創業計画」の策定は不可欠である。

(1)　創業後の生存率

図表4－9は創業企業の生存率である。

図表４－９　創業企業の生存率

（単位：％）

	創業時	１年後	２年後	３年後	４年後	５年後
累積生存率	100.0	95.3	91.5	88.1	84.8	81.7

（データの出所）『中小企業白書（2017年版）』。

５年後には，約２割の企業が廃業に追い込まれている。対前年比96％前後で生存率が推移しているので，10年後には，$(0.96)^{10}=0.66$で，３割強の企業が廃業に追い込まれてしまうことになる。

⑵　創業時の経営資源の引継ぎ

創業後の生存率が低いのは，創業時における経営資源が乏しいことにあるというのが著者の実務経験を通じた実感である。**図表４－10**は経営資源の内容毎に創業にあたって経営資源を引き継いだか否かを示したものである。

図表４－10　経営資源の内容と引継ぎの割合

（単位：％）

経営資源の内容	引き継いだ	引き継いでいない
従業員	33	67
顧客	40	60
設備・機械	20	80
工場・店舗	18	82
技術・ノウハウ	46	54

（データの出所）『中小企業白書（2017年版）』。

⑶　「経営資源引継ぎ補助金」の創設

新型コロナウイルス感染症の影響が懸念される中小企業に対し，経営資源の引継ぎ（M&A等）を促し，実現させることで経営の活性化を図るために，新たに「経営資源引継ぎ補助金」という制度が令和２年の補正予算で創設された。

「経営資源引継ぎ補助金」と似たものに「事業承継補助金」があるが，前者が事業承継やM&Aを行う前の取組みを対象としているのに対し，後者は事業承継やM&Aの後の経営革新等の取組みを支援するものであり，全く別物であり，当然双方の申請も可能である。「経営資源引継ぎ補助金」の本年度の申請は8月中旬に終了しているが，次年度以降も制度として存続する可能性があるので，引き続き注視していく必要がある。

(4) 創業が軌道に乗るまでクリアすべきハードル

創業が軌道に乗るまでの典型的な道のりを示しているのが**図表4－11**である。創業が軌道に乗るまでのプロセスは，投資の段階と回収の段階の2つがある。事業モデルによっては，早い段階から顧客と一緒にサービス開発を行う価値共創モデルのように，これら2つがオーバーラップしていたり，高速で繰り返し行われたりする。ここでは基本形として，投資段階があってそれから回収段階に入るというプロセスを念頭に創業企業が注意すべきポイントを整理しておく。

図表4－11　創業が軌道に乗るまでのプロセス

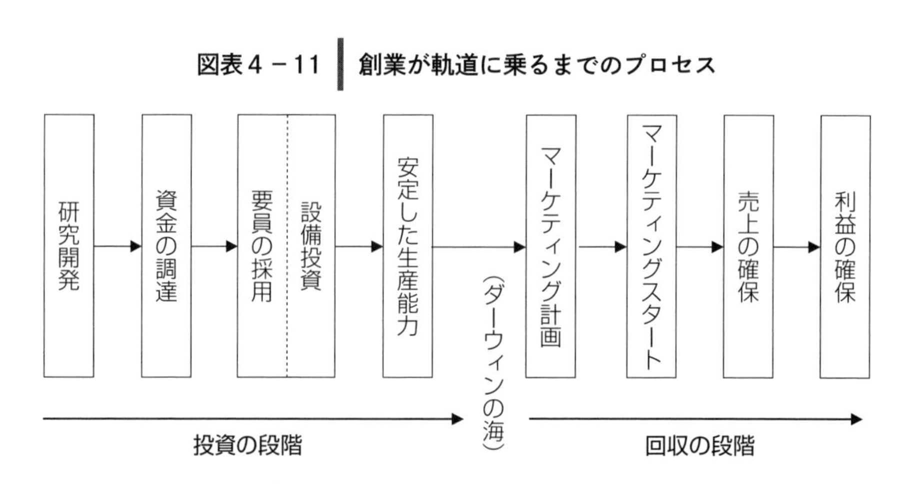

① 「資金の調達」で留意すべきこと

創業にはリスクが伴うことを理解して，資金調達時からリスク・マネジメントを心がけることが重要である。具体的には次の３点を指摘することができる。

① できる限りの自己資金を準備することが肝要である。日本政策金融公庫総合研究所2013年調査によると，創業時の自己資金の割合は27％である。
② 創業に活用可能な公的資金が増えてきている。地域創造的起業補助金等といった公的資金についての情報を集め，活用できるものについては確実に支援を受けられるようにする。
③ 日本政策金融公庫の「新創業融資制度」等の公的融資制度を活用する。

② 「経営資源」の確保で留意すべきこと

① 本文中でも説明したようにM&Aを活用し，既存企業から経営資源を引き継ぐことができる場合はそうすること。最もシンプルなものは，中古品を利用したり空店舗を居抜きで利用するような場合である。
② 認定市区町村または認定連携創業支援事業者（商工会議所等）の支援を受ける。

③ マーケティング計画で留意すべきこと

① 今まで培ってきた「技術」や「人脈」が生かせる分野であること。
② 強力なライバルのいないマーケットであること。
③ 今後，成長が見込める分野であること。

(5) 創業計画の標準的フォーム

創業に際しては，①サービス，②取引先，③売上計画・仕入計画，④設備資金・運転資金の調達と返済計画，⑤自己資金の調達等の内容を盛りこんだ創業計画を作成すべきである。一定の要件を満たした場合，補助金や融資が受けられることがある。**図表４－12**は創業計画書の例であるので，参考にしていただきたい。

図表4－12 創業計画書の例

<table>
<tr><td rowspan="3">会社概要</td><td>会社名</td><td></td><td>住所</td><td colspan="3"></td></tr>
<tr><td colspan="2">代表者名</td><td>資本金</td><td>千円</td><td>うち代表者所有割合</td><td>%</td></tr>
<tr><td colspan="2">常勤役員数　名</td><td colspan="2">常勤従業員数　名</td><td colspan="2">非正規従業員数　名</td></tr>
<tr><td>創業の動機</td><td colspan="6"></td></tr>
<tr><td>事業経験</td><td colspan="6"></td></tr>
<tr><td rowspan="5">取扱商品（サービス）</td><td>内　容</td><td>販売ターゲット</td><td>セールスポイント</td><td>競合の状況等</td></tr>
<tr><td></td><td></td><td></td><td></td></tr>
<tr><td></td><td></td><td></td><td></td></tr>
<tr><td></td><td></td><td></td><td></td></tr>
<tr><td></td><td></td><td></td><td></td></tr>
<tr><td rowspan="6">取引先</td><td colspan="2">販　売　先</td><td colspan="2">仕入・外注先等</td></tr>
<tr><td>取引先名</td><td>回収条件</td><td>取引先名</td><td>支払条件</td></tr>
<tr><td></td><td></td><td></td><td></td></tr>
<tr><td></td><td></td><td></td><td></td></tr>
<tr><td></td><td></td><td></td><td></td></tr>
<tr><td></td><td></td><td></td><td></td></tr>
<tr><td rowspan="5">資金関係</td><td colspan="3">設備投資関係</td><td colspan="4">資金調達関係</td></tr>
<tr><td>設備内容</td><td>調達先</td><td>金額</td><td colspan="4">自己資金　万円</td></tr>
<tr><td></td><td></td><td>万円</td><td rowspan="3">借入金</td><td>借入先</td><td>返済方法</td><td>借入額</td></tr>
<tr><td></td><td></td><td></td><td></td><td></td><td>万円</td></tr>
<tr><td></td><td></td><td></td><td></td><td></td><td>万円</td></tr>
<tr><td rowspan="10">事業の見通し</td><td colspan="2"></td><td>1年目</td><td>2年目</td><td>3年目</td><td>備　考</td></tr>
<tr><td colspan="2">売　上　高</td><td>万円</td><td>万円</td><td>万円</td><td></td></tr>
<tr><td colspan="2">売上原価（仕入）</td><td>万円</td><td>万円</td><td>万円</td><td></td></tr>
<tr><td rowspan="6">経費</td><td>人件費</td><td>万円</td><td>万円</td><td>万円</td><td></td></tr>
<tr><td>家　賃</td><td>万円</td><td>万円</td><td>万円</td><td></td></tr>
<tr><td>支払利息</td><td>万円</td><td>万円</td><td>万円</td><td></td></tr>
<tr><td>その他</td><td>万円</td><td>万円</td><td>万円</td><td></td></tr>
<tr><td>合　計</td><td>万円</td><td>万円</td><td>万円</td><td></td></tr>
<tr><td colspan="2">利　　益</td><td>万円</td><td>万円</td><td>万円</td><td></td></tr>
</table>

（出所）日本政策金融公庫の『創業計画表』の様式を参考に著者作成。

(6) 創業補助金

創業補助金とは，創業時に必要な経費の一部を，国や地方公共団体が補助してくれる制度のことで，その概要は下記の通りである。2018年度からは「地域創造的起業補助金」という名称になった。

(目的)
新たな需要や雇用の創出等を促し，我が国経済を活性化させるため。
(対象者)
新たに創業する中小企業者（創業の時期については年度毎に新たに設定される）で，日本国内で事業を興し，新たに従業員を１名以上雇い入れる者。
(補助対象経費)
① 補助事業期間内の人件費（役員報酬は除く）や外注費
② 店舗等の賃借料（交付決定日以降補助事業期間内の賃料）
③ 設備費（内装，外装費用。不動産や車両の購入費は除く）
④ 原材料費（試作品製作に係るもので，販売用のものは含まない）
⑤ 謝金，旅費，マーケティング調査費等
(補助率等)
補助と認められる経費の $\frac{1}{2}$ 以内であって，資金の外部調達がある場合は50万円以上～200万円以下，資金の外部調達がない場合は50万円以上～100万円以内。
(その他の注意事項)
市区町村が行う特定創業支援事業を受けることが要件となっている。
各市区町村には創業に関するワンストップ窓口が設置されている。

図表４－13は，創業補助金の申請から支払までのスケジュールの概略を示したものである。

(募 集 期 間) 毎年春に１ヵ月前後の期間を定めて募集が行われる。この期間中に事業計画や申請書を作成し，申請する。
(審 査 期 間) 募集期間１～２ヵ月経過後審査結果が書面で通知される。
(事 業 期 間) 採択の通知を受けた後のおよそ６ヵ月間が経費補助の対象期間となる。
(補助金支払) 報告書類についてのチェックが行われ，補助金が支払われる。

図表4－13　創業補助金のスケジュール

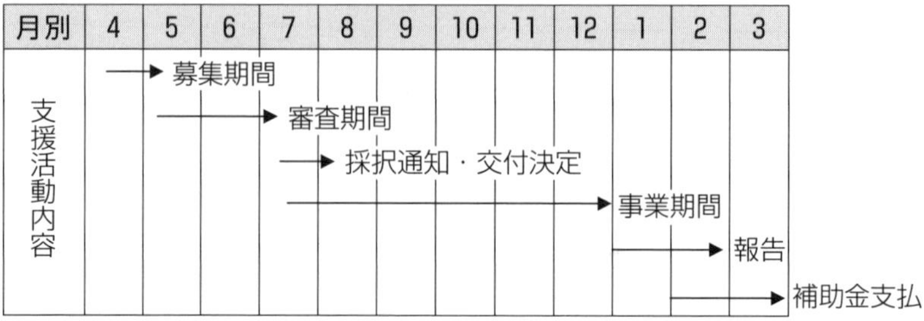

月別	4	5	6	7	8	9	10	11	12	1	2	3
支援活動内容	→	募集期間										
		→	→	審査期間								
				→	採択通知・交付決定							
				→	→	→	→	→	→	事業期間		
										→	→	報告
											→	→ 補助金支払

(7) 新創業融資制度

日本政策金融公庫は，新たに事業を始める方，または，事業開始後税務申告を２期終えていない方が利用できる，「新創業融資制度」を設けている。概要は以下のとおりである。

（資金の使途）事業開始時または事業開始後の設備資金および運転資金
（融資限度額）3,000万円（うち，運転資金1,500万円）
（担保・保証人）原則，無担保無保証人の融資制度の法人の借入れで，代表者が連帯保証人となる場合は，利率が0.1％低減される。

●注

1　プレイング・マネジャーであったとしても，店長ならではの役割はマネジメントである。現場の従業員やアルバイト・パートは，いわれた仕事をきちんとこなすことにあるが，マネジャーの仕事はスタッフにいい仕事をしてもらい，店舗として成果をあげることにある。他店舗展開することで，Y氏には，店長というマネジャーをマネジメントする役割が新たに生じた。現場がきちんと仕事をするように管理する活動はタスク・コントロール（現業管理），マネジメントにきちんと仕事をしてもらうようにする活動はマネジメント・コントロールとよばれる。マネジメント・コントロールの入門的内容については横田絵理・金子晋也『マネジメント・コントロール―８つのケースから考える人と企業経営の方向性―』有斐閣，2014年や，さらに専門的な内容についてはMerchant & Van der Stede, *Management Control Systems*, 4th eds., Pearson, 2017などを参考にしていただきたい。

第5章

努力と成果の「見える化」

—食肉冷凍加工食品卸・小売業N社の事例—

企業経営における会計専門家の役割は，経営目標を達成するために経営資源を戦略的に配分することである。誰がどの製品や顧客を担当するのか，新しい製品開発のためにどれだけ人員を割くのか，営業にコストをかけるのか，製造設備に投資するのか，といった経営資源の配分問題を解いていくために会計知識を活用することが求められている。

大企業と中小企業では，資源配分問題の性格が異なる。大企業では，豊富な経営資源が利用できることから見逃されてしまう無駄や無理をどう排除するかが経営資源配分上の重要なテーマとなる。典型的には社内政治にかまけるような「しがらみ」や「ゆとり」をどうなくすか，という問題である。大企業でよく見られる病弊は，会計担当者が上司の思いを忖度して，上司の判断を正当化するように会計データを準備してしまうことである。大企業では，合理的に資源を配分する能力が不足しているわけではなく，能力を適切に活用する環境が整えられていないことが問題の本質であることはよくある。そのため企業組織内において「会計操作」が行われ，「合理的な意思決定」ではなく，「意思決定の合理化」が行われてしまう。企業内部で粉飾が行われるのは珍しくない[1]。

それに対して，中小企業では限られた経営資源をどう配分し活用するかが問題になる。資源配分という意思決定問題において，中小企業は，経営資源が限られていることが強みとなる。無駄や無理を放置する経営体力がないことが，自己規律につながるのである。つまり，中小企業は，合理的な意思決定を行いやすい環境にある。

また，上司への忖度に長けた人材が出世しサラリーマン社長となっていくような一部の大企業とは異なり，中小企業の多くは家族経営を基盤として経営判断の成否によって家族や一族の浮沈がかかっているような緊張関係の下にある。中小企業では社長と従業員の距離が近く，経営資源に余裕がないことが，意思決定と成果の関係を見えやすくすることにつながる。これら中小企業ならでは特色を強みとして活用できるならば，スピーディーに合理的な意思決定を行えることになる。

本章では，食肉冷凍加工食品卸・小売業Ｎ社の事例を通じて，中小企業における経営資源配分の問題を，努力と成果の「見える化」により解決できることを学ぶ。

1　Ｎ社の沿革と経営状態

Ｎ社は1950年創業の食肉冷凍加工食品卸・小売業である。典型的な家族経営で，創業時から３人兄弟が力をあわせて事業を続け1970年に法人化した。そのときの社長は３人兄弟の長男で，２代目社長はその三男が継ぎ，現在はその三男が会長，会長の長男Ｎ氏が社長を務めている。法人化のときに社是を「食品の販売を通じて社会に貢献し，地域住民の食文化の向上と社員の生活を守る」と定めて，事業を行ってきた。現在の社員数は正社員が25名で，パート・アルバイト23名を加えて全員で48名である。

Ｎ社長は1967年生まれである。現会長（２代目社長でありＮ社長の父親）が社長のときに呼び戻されて，35歳の時に前職を退社し，Ｎ社に入社した。入社５年後に２代目社長が会長となり，３代目社長に40歳で就任した。今年で社長になって10年となる。Ｎ社長は，従業員にも自分にも厳しく，何事にも積極的に取り組む人物である。

Ｎ社長を補佐しているのが経理責任者のＨ氏である。Ｈ氏は1957年生まれで社長のちょうど10歳年上になる。入社も社長の10年ほど前で，入社以来長年事務方を務めて，３年前に取締役に就任した。Ｈ氏は，几帳面な性格で，何でも自分でやってしまいたいタイプである。安心して仕事を任せることができる反面で，後任が育っていない原因にもなっている。

前述のように，N社長が事業を承継して10年となる。3年ほど前からは安定した経営状態が続いているが，そこにいたるまでは厳しい局面を何度も乗り切らなければならなかった。現社長が最初に行わなければならなかった大きな仕事は，赤字店舗の閉鎖であった。近年は利益を計上することができており，法人税法上の繰越欠損金もなくなり法人税を支払う状態に戻っている。

事業の内容としては，食肉の小売りと卸売りの2本柱である。食肉を塊（ブロック）で仕入れて，本社工場でお肉屋さんの店頭に並ぶようにスライスしたりミンチにしたりして加工し，自社店舗で小売りする業務と，ホテル・旅館，飲食店，学校，自衛隊などへ販売する卸売業務の2つである。自社店舗や卸先へは，自社所有の運搬車両を利用している。

食肉小売り・卸売り業は参入障壁が低く，また流通業界全般の競争激化の影響を受けて，厳しい状態が続いている（**図表5－1**参照）。

図表5－1　全国の事業所数の推移

（単位：千件）

	1991年	2014年	2014／1991×100
卸　売　業	462	265	57.4%
小　売　業	1,606	780	48.6%
（うち，食肉小売業）	29	9.5	32.8%

（出所）経済産業省商業統計速報より。

食肉小売業は，大型スーパーとコンビニエンスストアの全国展開が相次ぎ，N社の商圏も安売り合戦に巻き込まれ，他社が撤退するかつぶれるまで我慢比べするような消耗戦が続いている。卸売業については，飲食店向けはまだら模様，病院や学校等への売上は横ばい状態，ホテル・旅館については，ここ数年のインバウンド需要のおかげで少し持ち直しているという状況である。

N社の小売部門は，人口減が徐々に進む中，2000年代に入ってからN社商圏内へのコンビニ店の出店が相次いだ影響を直接受けている。卸売部門は，2004年に地元のホテルとの取引がスタートしたため若干売上が回復したが，2005年に生協の進出があり，ダメージを受けてしまうような状況であった。N氏が社長に就任した2007年前後のＮ社の小売業・卸売業それぞれの売上高推移は右肩下がりであった（**図表５－２**参照）。

図表５－２　Ｎ社の小売業・卸売業それぞれの売上高推移

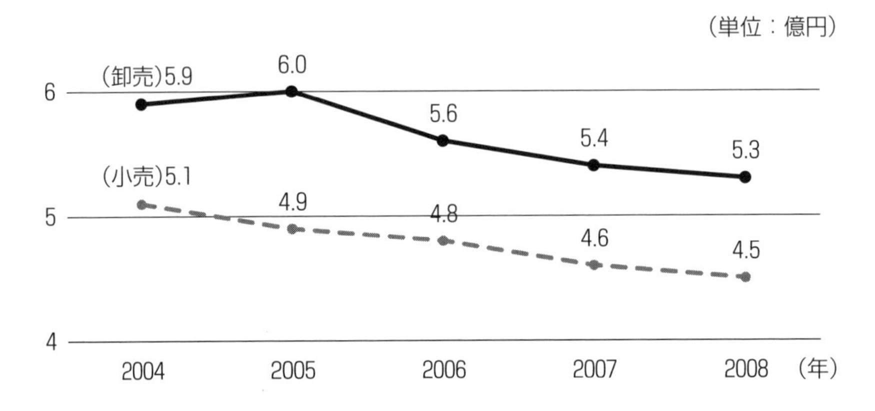

2　停滞する業績への打ち手

図表５－２にあるように，Ｎ社長が就任する前からＮ社の売上げは停滞していた。Ｎ社長は，売上げが伸び悩むなかでも利益を改善する必要があると考えた。

(1)　粗利率を上乗せした価格設定と経費削減

そこで，粗利を１％上乗せして価格を設定するよう営業会議で提案した。営業担当者も賛成し，社長提案は2008年10月に実行に移された。

問１　Ｎ社のおかれた競争環境で粗利を１％上乗せした価格設定はどのような影響をもたらすか。

粗利を１％上乗せした営業方針は短期的には大成功であった。売上も利益も計算通り増大したのである（**図表５－３**）。

図表５－３　粗利１％上乗せ前後の売上げ・粗利の月次の推移（24ヵ月）

（単位：万円）

		2008年			2009年						2010年			
		8	10	12	2	4	6	8	10	12	2	4	6	8
売上	卸	4,600	4,650	4,630	4,450	4,400	4,300	4,250	4,260	4,105	4,100	4,160	4,000	4,020
	小売	3,956	3,952	3,906	3,850	3,700	3,600	3,565	3,506	3,520	3,400	3,460	3,357	3,302
粗利	卸	984	1,041	1,037	997	985	963	952	954	920	918	932	896	900
	小売	1,424	1,462	1,445	1,425	1,369	1,332	1,319	1,297	1,302	1,258	1,280	1,242	1,222

↑（ここから売価引き上げスタート）

しかし，その効果は長続きしなかった。**図表５－４**にあるように，小売については３ヵ月，卸売りのほうでも６ヵ月もすると売上がはっきりと減少し始めたのである。売上減に比例して粗利が減少し，それによって固定費を回収することが難しくなってきた。

図表５－４　売上・粗利の推移

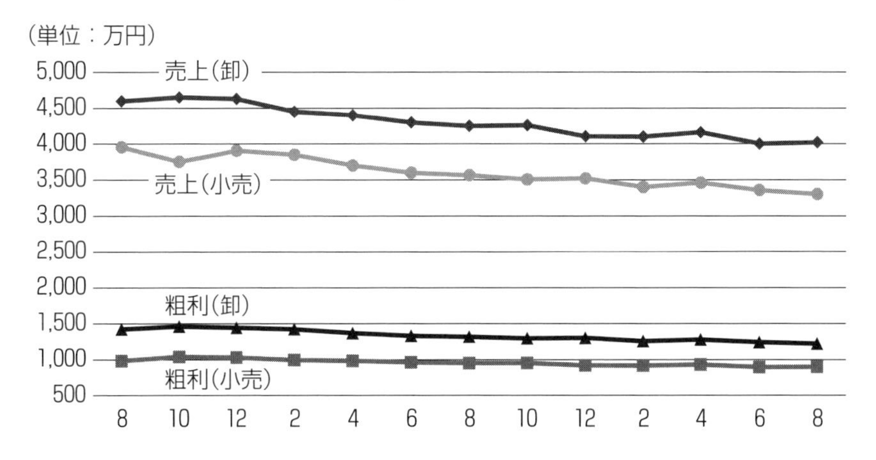

粗利を上乗せするという意思決定は，短期的には利益増大をもたらしたが，長期的には競争力を低下させることになってしまった。差別化に乏しい取扱商品の性質から，得意先の立場からすると，仕入先を変更することに伴うコスト（スイッチング・コスト）は低い。他社との取引に変更することが容易に可能な業態であるため，値上げの効果は短期的なものにとどまったのである。

予想外の売上げ減に直面したＮ社では，経費削減を断行することにした。まず，宣伝広告費がターゲットとなった。広告業者をより安価な業者に切り替え，広告スペースを縮小し広告回数を減らすことで宣伝広告費を切り詰めることにした。

広告宣伝費の削減による効果は，１ヵ月当たり30万円（削減前平均月額と削減期間平均額額の差額）程度であった。削減効果は売上減の影響からすると微々たるもので，逆に，売上減少の原因になった可能性さえあった。

(2) 損益構造の分析

Ｎ社長は，経営者として売上げが低迷する中でも利益を改善していきたいという意思をはっきり持っていた。そこで，顧問税理士事務所の担当者Ｍ氏は，自社店舗の損益状況について現状を明確にすることを提案した。その手始めとして，本部経費を配賦する前の営業利益段階でのそれぞれの店舗の２年間の損益状況の一覧表をＨ氏と協力して作成し，社長に見せることにした。

当時Ｎ社は，本店を合わせて９店舗で小売り事業を行っていた。**図表５－５**にあるように，そのうちのＦ，Ｇ，Ｈの３店舗は赤字が続いていた。Ｎ社長もこれら３店舗の業績がよくないことは気づいていたが，本部経費配賦前の営業損益レベルで赤字であることはこのときにはじめて認識した。Ｎ社長が顧問税理士事務所のＭ氏に指摘されるまで，現状を把握できていなかったのには理由があった。たまたま2010年度にＮ社の本社工場の一部が前面の公道の拡幅工事の対象になり，収用を受け6,000万円もの特別利益が発生していたのである。この特別利益のせいで，細部の実態が見えなくなっていたのである。

３店舗の赤字の理由は共通していた。各店舗とも郊外の団地に立地しており，これら地域では，子育てが一段落し若者の流出に伴う人口減少が生じていた。それに加え，全国チェーンのコンビニエンスストア等のライバル店舗がここ数

図表5－5 店舗毎の損益の状況

（単位：百万円）

項目	店舗	A	B	C	D	E	F	G	H	I	会社合計
2010年度	売上高	58.0	52.0	50.0	48.0	46.0	46.0	42.0	40.0	38.0	420
	売上原価	34.7	31.8	31.6	30.3	29.3	29.2	26.6	26.2	25.3	265
	店舗固定費	21.0	18.0	16.0	17.0	16.0	18.0	17.0	14.0	13.0	150
	店舗利益	2.3	2.2	2.4	0.7	0.7	△1.2	△1.6	△0.2	△0.3	5
2011年度	売上高	62.0	54.0	51.0	50.0	47.0	44.0	41.0	40.0	41.0	430
	売上原価	39.4	33.7	32.5	31.0	29.4	26.6	25.9	25.7	26.8	271
	店舗固定費	20.0	18.0	17.0	18.0	17.0	18.0	17.0	15.0	14.0	154
	店舗利益	2.6	2.3	1.5	1.0	0.6	△0.6	△1.9	△0.7	0.2	5

年の間に進出していたのである

このように現状認識をあらためた結果，これら不採算3店舗の損益改善を実現するのは困難であるとN社長は判断した。しかし，従業員をリストラすることはできるだけ回避したいとも考えたため，3店舗の閉鎖と新店舗の出店をうまく連動する方策を探ることとなった。

問2　N社のように店舗の閉鎖と出店を連動して行うことを考えている場合，顧問税理士事務所としてどのようなアドバイスを行うべきか。

答　店舗の閉鎖と出店に際しては，以下の点について検討する必要がある。

(1)　店舗の閉鎖に関するアドバイス

赤字店舗の閉鎖による営業キャッシュフローの増分，閉鎖に伴う投資キャッシュフローの発生額および財務キャッシュフロー（借入金の返済）等を総合的に考慮したネットキャッシュフローの額を算定する。

(2)　店舗の出店に関するアドバイス

新店舗の出店に際しては，以下の点を検討する必要がある。

① 出店する店舗の周辺人口や客層の分析による客数や客単価の予測
② 自社の既存店舗に対する影響の有無（相乗効果が期待できるか，逆に競合関係となるか）
③ 余剰資源（店舗閉鎖に伴う余剰人員等）の活用ができるか否かの検討
④ 上記①〜③を総合した上での損益計画，投資計画，資金調達計画の策定

---

3 新規出店の検討

3店舗の閉鎖を検討している頃，N社の営業エリア内に大規模ショッピングモールの開発計画が進んでいた。この情報を早くから入手していた顧問税理士事務所の所長は，N社など顧問先の事業展開と結びつける可能性を意識するよう所員に指示していた。所長からの指示を思い出した顧問税理士事務所の担当者M氏は，N社長にショッピングモール開発の情報を伝えた。N社長は生来の積極性もあり，大いに乗り気となった。

(1) 投資経済計算

このような経緯もあって，ショッピングモールへの出店計画の検討には，当初より顧問税理士事務所担当者のM氏も助言者的立場で参画した。M氏のアドバイスは，まず，周辺人口や店舗規模，それに他の同規模ショッピングモール店のデータに基づいて，客数と客単価を推定することであった。客数については，ショッピングモール客の推定人数の一定比率が来店するとして計算した。来店比率は，専門店として保守的な比率を用いた。客単価は，食肉専門店として差別化することを念頭におき，ほんの少しではあるが高めに推定した。

続いて，投資内容と所要額の検討を行った。食肉専門店として差別化できるポイントには資金を投入するとともに，閉鎖予定の3店舗が利用していたバックヤード設備は最大限利用する方向で投資額の削減をはかり，必要投資額を計算した。これに賃料や利払い額など必要なデータを加えて，回収期間を計算したところ8年（96ヵ月）で初期投資を回収できる見通しがついた。この投資経

済計算を基本に説明したところ，取引銀行から必要な資金を融資してもらえることとなった。

問3 **N社のように新規出店に際し，公式に投資経済計算を初めて行った顧客に対して，顧問税理士事務所はどのようなアドバイスを行うべきか。**

答　経験や勘ではなく，投資の経済計算を行うことで合理的に投資の可否を決定できるメリットを伝えるとともに，各店舗の成長性の高低や売上規模の大小等にも配慮して，地理的にも全体としてバランスよく店舗展開し，競合関係が生じることのないように店舗の配置を行うようにアドバイスすべきである。

---

(2) 出店・閉店の考え方

当時，N社において新規出店のルールは整備されていなかった。これまでN社はつきあいのある先から話をもらい，社長が経験と勘で判断して出店を決めていたので必要なかったのである。社長が決めて作った店舗はみんなで頑張って黒字化する。これがN社の歩んできた道であった。

この方法を見直さなければならなくなったのは，売上が低迷し，赤字店舗の閉鎖が不可避となったからであった。いくらみんなで頑張っても時代にあわなくなれば利益が出なくなる。この新しい現実に直面したことがN社の経営改革のきっかけとなった。会計的に現状を正確に認識し，閉鎖すべき店舗を決める。営業損益レベルで2年以上赤字が継続したならば，閉鎖を検討する。反対に，新規出店する機会には前向きに取り組む。その場合，会計的に厳密に回収期間を計算したうえで新規出店する店舗を決める。赤字3店舗の閉鎖と，ショッピングモールへの出店は，会計情報を活用して事業を展開する方向へN社が舵をきった第一歩であった。

回収期間法については第3章でも紹介したが，ここでは回収期間法の具体的な計算例を示しておく。

（投資額　100百万円（耐用年数20年，新たに発生することになる償却費
年間5百万円）
借入額　100百万円（利率3％，年間支払利息3百万，返済期間8年間））

図表5－6 損益状況の比較

	投資前	投資後
売上高	500	600
売上原価	300	360
販管費	130	150
営業利益	70	90
支払利息	10	13
経常利益	60	77
法人税等	18	23
当期純利益 （うち，償却費）	42 （10）	54 （15）

$$\frac{\text{投資額}}{\text{利払後税引後償却前利益の増加額}}$$

$$=\frac{100(\text{百万円})}{(54+15)\text{百万円}-(42+10)\text{百万円}}$$

$$=\frac{100(\text{百万円})}{17(\text{百万円})}=5.8(\text{年})$$

予定返済期間8年の期間内の5.8年で回収することができるので，投資は特別問題ない。

4　経営計画策定における問題

赤字店舗の閉鎖が課題になったのと同じ頃，N社長にはもう1つの悩みがあった。経営計画を作成しても，店舗や営業担当者の売上目標と会社全体の目標がうまく連動しないという問題である。全社的な目標をうまくブレークダウンして，それぞれの店舗や営業担当者の目標に展開できていなかったのである。

前述のようにN社は小売り事業と卸売り事業を2本柱としている。小売り事業については，各店舗の損益状況の認識から赤字店舗の閉鎖，新規出店計画の検討へと段階をおって，会社全体として小売り事業をどうしたいかという方向性と各店舗の運営が連動できるようになっていった。

しかし，卸売り事業については，営業担当者の仕事と会社全体の方向性が結びついていないままであった。とくに問題となったのが，経営計画の策定であ

る。営業担当社員は全員で15人いる。N社では，経営計画の策定にあたって，まず社長が全社目標を設定する。社長はここ数年の実績値をベースに，現実的に達成可能な水準に目標を設定するよう指示した。

社長の方針を受けて，それぞれの営業担当者が売上目標を設定する。ここでも社長としては営業担当者１人ひとりが達成可能な水準でできるだけ高く目標売上高を設定することを望んでいた。しかし，この15人の営業担当者の売上目標を全部足し合わせても社長が設定した当初目標には全く届いていなかった。社長の思いとは別に，営業担当者は自分の責任として売上目標を受けとめていたため，もし未達成となった場合に責任追及されることを恐れ，最終的には保守的に確実に達成できる水準に引き下げて売上げ目標を報告していたのである。

問４　N社のように経営計画を策定するうえで，社長の考え方と社員の考え方にズレがみられる場合，顧問税理士事務所としてはどのようなアドバイスを行うべきか。

答　以下の①から④を実践するようにアドバイスする。

①　客観的な事実を数値をもって明らかにする。

②　上下のコミュニケーションの場を多く設ける。

③　上下で協議して納得のいく目標を自主的に設定する。

④　計画値と実績値の比較を適時に行うことで，社員に強い動機づけを与える。

N社の顧問税理士事務所のM氏は，営業担当者１人ひとりの売上高を伸ばす方策をN社長も交えて検討することを提案した。N社の状況を会計的に見ていたM氏は，N社の業績が営業の仕方次第ではまだまだ伸びる余地があると予想していたのである。しかし，営業方針はN社長と社員自身に納得してもらう必要がある。そうでなければN社の持続的成長は損なわれてしまうとM氏は感じていた。

(1)　営業努力と成果の見える化

N社長や社員自ら営業方針を決めてもらうためには，小売り事業で店舗の営業損益を見える化した方法と同様の方法が有効だとM氏は考えた。そこで，取引先毎の売上高とコストを計算するためどうしたらよいか考えた。売上高は取引金額で，コストは卸売事業のため営業の所要時間で代替すればおおまかな状況は可視化できるはずだとM氏は考え，N社長に営業担当者に得意先との取引金額と営業所要時間を調べてもらうよう依頼した。

図表５－７　営業担当者Ａ氏の得意先売上高と所要時間（改善前の１ヵ月当たりのデータ）

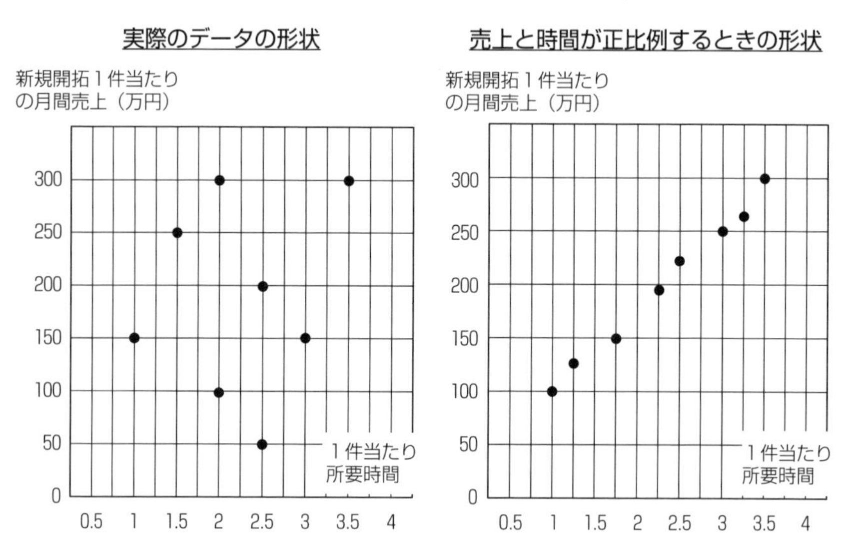

営業担当者Ａ氏からの報告をまとめたものが**図表５－７**（営業担当者Ａ氏の得意先売上高と１ヵ月当たりの所要時間（改善前））である。図表５－７を見れば明らかなように，営業に使っている時間と売上高の間に明確な関係はない。会社全体としてまとめたものも同じような傾向（所要時間と売上高が比例していない）であった。粗利率が同一だとすると，少ない営業時間で大きな売上げをあげているほうが利益は大きく，営業時間をかけている割に売上高が小さな取引の利益は小さいはずである。つまり，営業に投入している資源（人・時間）が成果にうまく結びついていないことを図表５－７は意味している。

問5 N社の図表5－7のような状態が判明したとき，顧問税理士事務所はどのようなアドバイスを行うべきか。

答　問4の答の②を実践することをアドバイスする。社内で上司と部下とのコミュニケーションの場を設定する場合，上下関係が前面にですぎないよう配慮することが重要である。コミュニケーションは会社での地位をできるだけ意識することなく，目標（営業の効率化）を同じくするものとしてフランクに話し合うことが大切である。これができるかどうかによって，目標を共有できるかどうかが左右される。社長が決めた目標を社員が受容する程度がコミュニケーションのスタイルによって大きく高まることが期待できるのである。

コミュニケーションのスタイルは，議論に参加する顧問税理士事務所の所員の立場でも重要である。高飛車に出ることがあってはならず，議論を深める必要があると思われるときは的確な「質問」をし，また，社員の発言に対しては最後まで傾聴することが求められる。すぐれた助言者になるためには，まずもって「聴く力」を磨かねばならない。

(2) 「見える化」の活用

M氏は，図表5－7にみられるような状態になぜなっているのか，またどう改善できるかを，N社長と営業担当者自身に考えてもらうため会議を開いてもらうことにした。M氏はアドバイザー的に尋ねられれば説明するものの，できるだけ発言を控える役回りを演じた。営業担当者はそれぞれの得意先の状況を具体的に説明しつつ，ほどなく，図表5－7のような結果になっているのは，営業の時間の使い方が売上を伸ばすことに直結していないという結論に達した。売上を伸ばすという観点からすると営業の時間が効率的に使われていないというのが彼らの現状認識であった。

次の論点は「では，どうすればいいのか？」であった。時間の有効活用ができていないことはわかった。売上が伸びるところに時間をかけるべきだということもわかる。しかし，営業担当者が得意先をまわれば，それなりに時間がかかることも当たり前で，だからこそとれている注文もある。なんの工夫もなく時間を短縮しても，粗利率を上げて結果的に売上が下がったときのようなことになりかねない。長期的に売上を伸ばしていくために営業はどのように時間を使うべきなのかが次に議論された。

問6 **営業の時間の使い方を改善するために顧問税理士事務所はどのようなアドバイスを行うべきか。**

M氏は，N社長と営業担当者自身で改善策を編みだしてもらうことを期待していた。しかし，営業担当者が，これまでの時間の使い方を変えることに躊躇したせいか，これといった改善策は提案されない状態が続いた。

そこでM氏は，取引先を売上高の多寡に応じてランクづけして，ランク毎に営業時間の使い方を変える方法を提案した。具体的には，取引金額の小さいところは要請があれば訪問する，あるいは，まとめて回るようにし，取引金額の大きいところは得意先の都合に合わせたり訪問の頻度を上げるようした。また全体として営業の行動計画を前もってつくることで時間の余裕を作り，あまった時間を新規開拓に活用するよう提案した。

M氏の提案には，営業現場から強い反発があった。営業の時間削減対象となる取引先から苦情があるかもしれない，というのが反発の理由であった。しかし，N社長がM氏の提案に賛成し，営業現場を説得したことが功を奏して，まずともかく新しい営業方針を実行してみようということになった。

(3) 「見える化」の成果

心配された低ランクの企業からのクレームは全くなく，売上もほぼ維持できた。しっかりとした人間関係ができていたこともあって，まとめて訪問することで，お客様も節約できた時間を他の業務に使えるようになるメリットが生じたからであった。

また，上位の得意先の売上は確実に伸びた。訪問の時間が増え，対話等の密度が高まったことで，お客様のニーズを聞いたり新しい提案をしたりする点がより強化された。その結果，新規顧客の紹介をいただく機会も増えていった。

さらに，営業方針変更前は，営業を終え帰社した後に営業事務を行っていたため帰宅時間が遅れ，多大な残業時間が発生していた。この点，営業方針変更後は，行動の前に計画が立てられているため，帰社後のバックオフィス業務は計画値との差だけの算定で済み，残業時間も大幅に減少した。

■得意先の売上高と所要時間（改善後の１ヵ月当たりのデータ）

卸売部門の営業時間の使い方の改善が軌道に乗るのに約３年を要した。

営業担当者Ａ氏の新規開拓の１件当たりの売上金額と１件獲得するのに要した時間の関係は，**図表５－８**のとおりであった。

新規客を１件獲得するのに要した時間と新規客１件当たりの月間売上高との間には，グラフが示すとおり正の相関関係があることがわかる。

他の卸売部門14名の傾向も，Ａ担当者とほぼ同様な改善効果を示した。

図表５－８ 売上と時間の記録

新規開拓１件当たりの月間売上高	新規客１件を獲得するために要した時間
400万以上	4.0時間
350万円以上～400万円	3.0時間
300万円以上～350万円	4.0時間
250万円以上～300万円	3.0時間
200万円以上～250万円	2.0時間
150万円以上～200万円	1.5時間
100万円以上～150万円	2.0時間
50万円以上～100万円	1.0時間
0万円以上～ 50万円	1.5時間

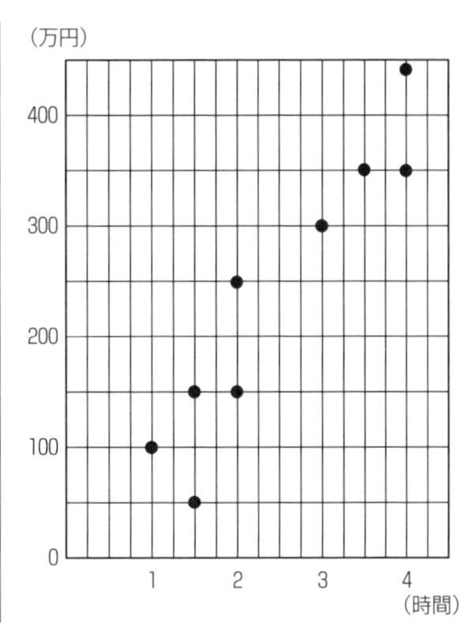

問7　M氏のような顧問税理士事務所からの提案に当初反対していた現場は，成果が出ることでどう変化するか。

M氏の提案を実行したところ，N社の卸売事業は順調に業績を改善していった。まず売上高が増大し，少し遅れて利益も向上していった。この結果は，N社長をはじめとする経営陣に大いに歓迎された。

また，当初M氏の提案に反対していた営業担当者たちも，売上増加に伴い，限界利益（売上－変動費）も向上することになり，労働分配率（人件費÷限界利益×100）を昇給の目安にしていたため昇給に反映されることになり，今では営業部門の多くがM氏に感謝している。

図表5－9に示すのは，最近のN社の決算データである。

5　本章の実務ポイント：移動年計表・ABC分析表・投資経済計算の活用法

経営資源に限りのある中小企業にとっては，有望なセグメント（市場，製品）に経営資源を集中できるか否かが企業の盛衰の鍵を握っているといえる。

本章のN社の事例では用いられなかったが，中小企業のマーケティング戦略を立てる場合の有力なツールに「移動年計表」と「ABC分析表」がある。

以下では，これらの分析表の作り方と活用法をとり上げる。

(1)　移動年計表

①　移動年計表の作り方

移動年計表は，12ヵ月分の売上合計をプロットしグラフを作成することで売上変化の傾向を見える化するものである。具体的には，**図表5－10～5－12**のように作成する。なお，年計表は，売上のほかに粗利額等で行うことができる。経営戦略で用いる場合は，23ヵ月分のデータはセグメント別（製品別，顧客別等）に揃える。

図表5－9　決算データ（2018年9月30日現在）

（単位：千円）

貸借対照表			
科目	金額	科目	金額
現金預金	232,914	買掛金	87,340
売掛金	90,090	短期借入金	49,500
棚卸資産	17,998	その他流動負債	20,760
その他流動資産	6,720	（流動負債合計）	（157,600）
（流動資産合計）	（347,722）	長期借入金	100,100
有形固定資産	179,930	（負債合計）	（257,700）
無形固定資産	1,300	資本金	50,000
投資等	97,640	剰余金	318,892
（固定資産合計）	（278,870）	（資本合計）	（368,892）
資産合計	626,592	負債資本合計	626,592

損益計算書	
科目	金額
売上高	1,265,820
売上原価	933,620
（売上総利益）	（332,200）
販売費・管理費	319,995
（営業利益）	（12,205）
営業外収益	1,300
営業外費用	1,710
（経常利益）	（11,795）
法人税等	4,120
（当期純利益）	（7,675）

図表5－10　23ヵ月分データの必要性

（単位：千円）

年月		月間売上	17/11	12	18/1	2	3	4	5	6	7	8	9	10
16	12	173												
17	1	153												
	2	128												
	3	174												
	4	136												
	5	148												
	6	84												
	7	92												
	8	178												
	9	61												
	10	138												
	11	151												
	12	133												
18	1	139												
	2	109												
	3	123												
	4	112												
	5	120												
	6	78												
	7	87												
	8	170												
	9	120												
	10	163												
年計			1,636	1,596	1,582	1,563	1,512	1,488	1,466	1,454	1,449	1,441	1,480	1,505

1ヵ月ずつズラして，12ヵ月分を合計していく。

図表５－11　月別データのグラフ

（単位：千円）

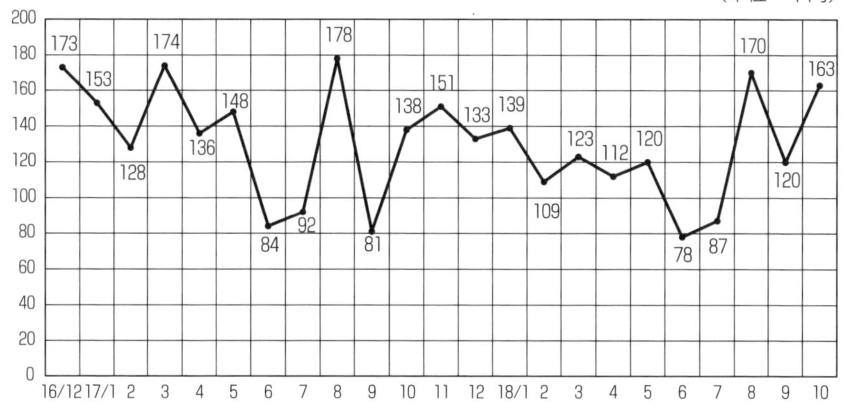

月別データは，日数の差や季節変動等があるので，グラフから上昇や下降の傾向を見るのは難しい。

図表５－12　移動年計表のグラフ

（単位：千円）

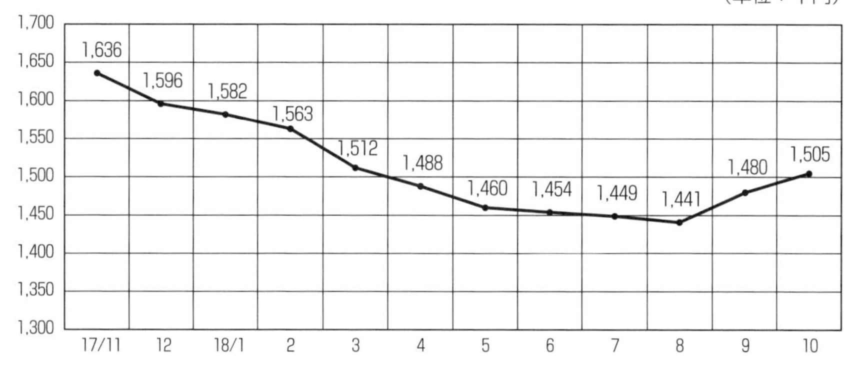

② 移動年計表の活用法

① 常に12ヵ月分の売上が集計されるため月々の変動や季節変動に影響され難く，売上の傾向がわかる。
② セグメント毎に年計グラフを作ることにより，セグメント毎の傾向（今後売上が伸びそうか否か）がわかる。
セグメント毎の傾向は，セグメント毎の戦略上の位置（力を注ぐべきセグメントか否か）の判断に使える。

⑵ ABC分析

多くの場合，ごく少数の商品や顧客への売上や利益が会社全体の８割以上を占めている。これを見える化する手法がABC分析である。

① ABC分析の計算法

ABC分析は，通常，商品別や得意先別に行われる。

ⓐ データを集める

ある食品問屋のベテラン社員の得意先別月間売上は**図表５－13**のとおりである。

図表５－13 得意先20社のデータ

（単位：千円）

得意先名	金額	得意先名	金額	得意先名	金額	得意先名	金額
A	3,000	F	13	K	150	P	2,250
B	340	G	10	L	80	Q	24
C	20	H	10	M	16	R	35
D	8	I	49	N	45	S	240
E	1,150	J	30	O	12	T	380

ⓑ データの整理

金額の多い順への並べ替え→累計の計算→百分率の計算をうけてABC分析を行う（**図表５－14**）。

図表5－14　ABC分析の結果

得意先名	金額	金額累計	百分率（%）	ABC分析	備考
A	3,000	3,000	38.2	A	85%まで
P	2,250	5,250	66.8	A	
E	1,150	6,400	81.4	A	
T	380	6,780	86.3	B	95%まで
B	340	7,120	90.6	B	
S	240	7,360	93.6	B	
K	150	7,510	95.5	C	AB以外
L	80	7,590	96.6	C	
I	49	7,639	97.2	C	
N	45	7,684	97.8	C	
R	35	7,719	98.2	C	
J	30	7,749	98.6	C	
Q	24	7,773	98.9	C	
C	20	7,793	99.1	C	
M	16	7,809	99.4	C	
F	13	7,822	99.5	C	
O	12	7,834	99.7	C	
G	10	7,844	99.8	C	
H	10	7,854	99.9	C	
D	6	7,860	100.0	C	
累計	7,860	—	—		

②　ABC分析の活用法

ABC分析を行ったベテラン社員の月間労働時間を日報をもとに分析した結果は，以下のとおりであった。

1ヵ月間の総労働時間＝8（h／日）×20(日)＝160（h／月）

うち，実働時間は総労働時間の80％の128時間であった。

●1回の得意先訪問に要する平均的時間

クラス別	書類作成等の時間	移動，待ちその他	面談時間	合　計
A	2.0（h）	1.5（h）	1.5（h）	5.0（h）
B	1.5（h）	1.5（h）	1.0（h）	4.0（h）
C	1.0（h）	1.5（h）	0.5（h）	3.0（h）

●訪問実績

項目＼クラス別	A	B	C	合　計
訪問回数のルール	月4回訪問	月2回訪問	月1回訪問	－
実際の時間	（12回訪問） 58（h）	（6回訪問） 25（h）	（13回訪問） 42（h）	125（h）
時間の百分率	46.4％	20.0％	33.6％	100.0％

問題点と対策

① 売上の81.4％を占めるAクラスへの投入時間が46.4％で，売上の6.4％しか占めていないCクラスの得意先への投入時間が33.6％を占めているのは生産性の点から大いに問題である。

② Cクラスへの投入時間を大幅にカットし，生み出された時間をAクラスの得意先への投入時間に充てるか，あるいは，新規客の開拓に投入すべきである。

③ 付加価値の獲得に直接貢献していない移動時間については，訪問回数の削減の外に移動ルートの見直し等も必要である。

（参考文献）一倉定『一倉定の社長学全集1（経営戦略）』日本経営合理化協会，2007年

(3) 投資意思決定の手法としての投資経済計算[2]

① 経済計算の手法

経済計算の手法としては，投資利益率法，回収期間法，および正味現在価値法が多く用いられる。中小企業においては，投資利益率法と回収期間法を併用する例が多い。

② 事例にもとづく投資利益率法と回収期間法の紹介

２つの手法を具体的に明らかにするために，以下の事例を用いることにする。

	売上高	売上原価	(うち償却費)	総利益	販管費	営業利益	支払利息	経常利益	法人税等	当期利益
投資後の毎期の損益状況	600	390	(20)	210	165	45	13	32	10	22
投資前の損益の状況	500	330	(15)	170	135	35	10	25	7	18

設備投資額100百万円（耐用年数20年，残存価額０），借入金100百万円の返済期間は15年とする。

[投資利益率法]

$$\frac{\text{利払前経常利益の増分}}{\text{投資額}}\times 100=\frac{(32+13)-(25+10)}{100}\times 100=10\%$$

[回収期間法]

$$\frac{\text{投資額}}{\text{営業キャッシュフローの増分}}=\frac{100}{(22+20)-(18+15)}=11.1\text{(年)}$$

投資利回りは10%となり，借入金利３％や一般の資産の利益率と比べ投資効率は良好と判断される。

③ 正味現在価値法の紹介

上記の2つの手法とは異なり，貨幣の時間価値を考慮した手法である。

$$正味現在価値 = \frac{R_1}{(1+r)} + \frac{R_2}{(1+r)^2} + \cdots + \frac{R_n}{(1+r)^n} - C$$

r：割引率，$R_1 \sim R_n$：第1年から第n年までの利益
n：投資効果が及ぶ年数，C：投資額

現金流入の現在価値合計が投資額以上であれば投資は有望と判断される。

④ それぞれの手法の長所と短所

各手法の長所と短所は下表のとおりである。

手　法	長　所	短　所
投資利益率法	投資の収益性が簡単に判断できる。 投資の効果が生じる全期間を対象としている。	キャッシュフローを考えていないので，投資の回収が不明確。
回収期間法	回収期間の長短が明らかになる。 適正な借入期間設定の参考になる。	投資の収益性が明確でない。 初期効果のみしか考慮していない。
正味現在価値法	貨幣の時間価値が考慮されている。 金利が高い場合等に有用。	計算が複雑である。 割引率（r）の合理的設定が難しい。

●注

1　このような組織内部での会計操作については，澤邉紀生「会計と凡庸なる悪」『経営情報学』第40巻第1－2号，2020年，33-47頁，澤邉紀生「経営管理システムの柔軟性と不確実性・多様性：メタルールとしての経営理念」『會計』第189巻第5号，2016年，41-55頁，などを参考にしていただきたい。

2　投資経済計算については，第3章の注1で紹介した文献に加えて，篠田朝也「資本予算実務の課題―管理会計の拡張と資本予算実務―」『管理会計学』第26巻第2号，2018年，63-75頁や清水信匡「日本企業の投資評価技法の多様性―原価比較法と損益分岐点法を中心として―」『メルコ管理会計研究』第8巻第2号，2016年，3-16頁，などを参考にしていただきたい。

第6章

中小企業のブランディング
―美容室の事例―

中小企業が永続するためには，自社の商品（サービス）の認知度を高め好感を持ってもらうこと（ブランディング）が不可欠である。サービス業におけるマーケティング手法と一緒に，本章では，美容室サロンＫの事例からブランディングについて学ぶ[1]。

1　サロンＫの沿革

サロンＫは，1970年代後半に中国地方の中核都市であるＦ市で開業した美容室である。社長のＫ女史が30歳のときのことである。若い頃から美容師として頭角を現していたＫ女史は，独立してからもいっそう評判を高めて着実に固定客を増やしていった。それにあわせて従業員数も増やし，開業10年目に有限会社へ移行した。

有限会社化した頃には，従業員に仕事を回せるようになるにしたがいＫ女史も少しずつ自分の時間を作ることができるようになった。その時間を活用してＫ女史は，美容技術を磨くためさまざまなコンクールに挑戦し，美容業界のなかでも最も権威の高いコンクールで入賞をしたこともあった。Ｋ女史は自分自身の技術を磨くだけでなく，従業員の指導も熱心に行ってきた。サロンＫで修行した従業員の多くは独立していったが，彼（女）らが独立して美容師として活躍できているのもＫ女史の親身な指導があったからだというのが地元業界の常識である。

Ｋ女史は開業当初から「お客様帳」を手書きで記帳していた。従業員採用後は従業員にも記帳するよう指導し，サロンＫのお客様に関する情報は「お客様帳」を通して今日でも共有されている。

「お客様帳」に記載されている情報は，次のようなものである。

① 氏名	② 住所
③ 生年月日	④ 職業や御家族の状況
⑤ 趣味	⑥ 髪型の写真
⑦ 来店日と担当従業員名	⑧ お客様好みの美容液等
⑨ 感謝事例・クレーム事例	

Ｋ女史が力を入れていたのが婚礼の着付けである。独立した従業員の多くもＫ女史から指導をうけたことがきっかけで，婚礼着付け関連の仕事をしている。現在でもＫ女史は毎週着付けの講習会を開催し，そこには従業員はもちろんのこと他店のオーナー美容師も学びに来ている。そういう卒業生ともいうべき元従業員にＫ女史は慕われており，今でもＫ女史に時候の挨拶がてら相談にくる美容師がひきもきらない。

参考 地元の業界動向

現在，美容室業界は飽和状態にある。店舗数は増加し続けており，その反面で，人口は減少の一途を辿っている。美容室一店舗当たりの顧客数の維持は以前に比べとても難しくなっている。サロンＫが開業した40年前は，Ｆ市では美容室一店舗当たりの人口数が1,800人程度であったのが，現在では半分以下の700人程度にまで減少している。それでも美容室を利用する層が増えてくれればよいのだが，今の若年層は美容室を利用する頻度が低下しているといわれており，業界として厳しい状況が続くと予想されている。

サロンＫは，1990年代半ばのピーク時の売上が約6,000万円あり，従業員数も７名の所帯となっていた。サロンＫとして支店を出すこともできたが，Ｋ女史本人は自分の目の届く範囲で責任を持って仕事をしたいと考えて，あえて規模の拡大は避けていた。

2　外部環境の変化

1990年代後半頃からは，サロンKの近隣でも美容室が増えてきた。それに伴いサロンKの売上も徐々に減少していった。それまでサロンKの売上を支えていたのは，美容室でのパーマやカットなどの業務だった。しかし，近隣の美容室が増加し，また手軽に自分で髪を染められるヘアカラーがドラッグストアなどで販売されるようになったことなどにより，美容室の売上は年々減少していった。このような外部環境の変化はあったが，それまで無理をせず手堅く経営していたので，資金繰りに困ることはなかった。

しかし，2000年代に入ると，それまでサイドビジネスで手がけていた着物やダイエット・健康食品などの売行きが鈍りはじめた。また，K女史の趣味で収集した着物をレンタルする事業も行っていたが，これらの売上げが低下するにつれ在庫の増加が資金繰りの圧迫要因になる問題も顕在化してきた。これまでは本業が堅調だったため，サイドビジネスの問題は見過ごされてきたが，売上が減少するなかで不良在庫が積み増される状況となり，経営課題として意識されるようになっていった。

問1　サロンKのようにサイドビジネスで問題をかかえている顧客に対して，顧問税理士事務所としてはどのような情報を提供すべきか。

答　事業（顧客）別の売上高と粗利率に関する情報を提供する。

まず，サロンKで行っている事業をカット・パーマ事業，婚礼事業，サイドビジネス事業の３つのセグメントに分けて，売上関連データを提供することとした（**図表6－1**）。

図表６－１　2000年代初期の売上関連情報

	売上の割合	粗利率	粗利額の割合
カット・パーマ	60%	25%	40%
婚　　礼	25%	85%	56%
商品（サイドビジネス）	15%	10%	4%
合　　計	100.0%	－	100.0%

＊粗利 ＝（売上 －（仕入 ＋ 人件費））÷ 売上 × 100

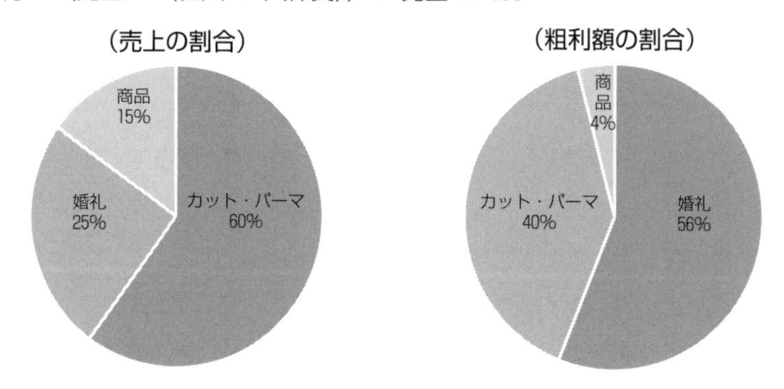

各事業の売上の割合と粗利額の割合は，粗利率が異なる場合は大きく変動する。

サイドビジネスを継続すべきかどうか悩んでいたＫ女史から相談を受けて，顧問税理士事務所の担当者であるＳ女史は，それぞれの事業の粗利率を概算してみた。概算の結果，婚礼の粗利率が一番高く85%，カット・パーマがそれに続き25%，商品販売が最も低く10%であった。婚礼の利益率が高いのは，Ｋ女史の高い技術力を活かして付加価値が高いサービスができていたためであった。しかし，その裏返しとしてＫ女史がほとんど１人で仕事をせざるを得ないという問題を抱えていた。カット・パーマは労働集約的な仕事で人件費率が40%を占める。商品販売は仕入れ原価の割合が高いことが影響して粗利率が一番低かった。

問2　サロンKのようなサイドビジネスで問題をかかえている顧客に対して，顧問税理士事務所としてはどのようなアドバイスを行うべきか。

答　サイドビジネスの利益の利益全体に対する影響が僅少である場合は，K女史の限られた時間をコアとなる事業に集中させるようにアドバイスする。

サイドビジネスの粗利額は全体の粗利額の4％にすぎない。K女史の意識がサイドビジネスに割かれてしまい，サロンKの強みである婚礼関連業務がおろそかになってしまうことになれば本末転倒である。アドバイスを受けたK女史は，美容室の粗利額の39％を占める大きな強みである婚礼の仕事を土台に今まで以上に頑張ることと決めた。

このようにしてサロンKでは，近隣に美容室が増えてきた1990年代に，婚礼を差別化ポイントとする経営に舵をきった。この方針は時代の流れにマッチしていた。結婚式を盛大に行うことがまだ当然とされていた時代である。1990年に婚礼を事業の柱とすることで，花嫁支度の代金だけでなく，婚礼衣装代のリベートが売上げを支えることになった。当時は，美容室で婚礼衣装の手配を依頼する顧客が多く，衣装代のリベートがサロンKの売上の10％を占めるほどであった。

問3　サロンKのように差別化が成功した経験を持つ顧問先に，環境変化への感度を高めるため，顧問税理士事務所としてどのようなアドバイスを行うべきか。

答　財務データをもとに，市場の動向等を顧問先のトップに伝え，トップと事務所で認識を共有する。

3　外部環境変化に対する認識の共有

しばらくの間は差別化戦略がうまく機能していたが，数年経過するうちに，また，外部環境の変化が訪れた。その変化とは，婚礼衣装を美容室に依頼するカップルが激減したという事実である。この傾向は2000年代に入ってから顕著になった。結婚式場が多様化し，ホテルやゲストハウスなどの競争が激しくなったことで，式場のほうが婚礼衣装を提案するようになったのである。結婚式場の多様化に伴う競争激化の余波を受けた格好で，衣装代のリベートはほとんど見込めなくなってしまった。

当時から，顧問税理士事務所として，毎年の決算後に事務所所長も交えて，今期の数字についての振り返りと来期の目標数値の適切な水準についてＫ女史の考え方を確認する場を設けていた。また担当者のＳ女史は毎月の月初にサロンＫを訪問し，最新の損益項目について意見交換を行っている。このような意見交換を通じて，衣装代リベートの減少傾向についてＫ女史と顧問税理士事務所の担当のＳ女史は早い時点から事実関係の認識を共有することができていた。

問4　**サロンＫのような小規模会社に環境変化への適応力を高めさせるため，顧問税理士事務所としてどのようなアドバイスを行うべきか。**

答　企業が持つ「強み」に集中するために，優先順位の低い市場（顧客）への取組みを削減する。

サロンＫでは，婚礼事業を主軸に据えた時点で，自分たちの強みを活かした事業展開をすることを明確にしていた。サロンＫの強みは，Ｋ女史の婚礼着付けの技術力である。この強みを活かすために，婚礼着付けと直結しないサイドビジネスを廃止したのは前述のとおりである。

その一方で，強みである婚礼着付けの技術力を活かすため，Ｋ女史はサロンＫのブランド価値を高める努力を継続するとともに，新しいビジネスモデルの開発に努めた。

問5 **サロンKのような小規模事業者がブランド価値を向上させるためには，どのような方策をとることができるか。**

答　社員の技量を向上させ，それをもとに新商品を開発し，パブリシティー（新聞やインスタグラム，ツイッターなどソーシャルメディアでの広報）を上手に利用することが重要である。

K女史はブランド価値の向上を意識していたわけではなく，単にすべきことを心を込めて行っただけともいえるが，K女史は事業の原点はK女史本人も含めたサロンK従業員の技術力向上だと考えていた。そこでK女史は，毎週1回従業員向けに着付けの指導を行うこととした。これと並行して，実力試しと従業員のモチベーションアップもねらって，美容コンクールへの参加を従業員に推奨してきた。K女史が参加を推薦する美容コンクールは，県大会・中国大会・全国大会と多段階で開催されていて，大会の模様は地元新聞やローカルニュースで報道されるようなコンクールである。そのようなコンクールの全国大会で，サロンKは毎年のように入賞者を輩出しており，その様子が雑誌や新聞で紹介されることで着付けの美容ならばサロンKという評判が定着していった。

4　新しいビジネスモデルのスタート

美容室の新しいビジネスモデルとして，サロンKは「フォトブライダル」や「前撮り」といったサービスを世間に先駆けて打ち出した。フォトブライダルは，写真（フォト）の結婚式（ブライダル）という名前が示すとおり，写真（のみ）での結婚式のことである。要するに結婚式の記念写真だけを切り出したイベントでありサービスである。「前撮り」というのは，結婚式の前に丸1日かけて記念写真を撮影するサービスである。最近では日本の観光地で，台湾や中国のカップルがフォトブライダルの撮影をするのが流行している。

サロンKは，フォトブライダルや前撮りを打ち出す以前から婚礼写真に力を入れていた。K女史の強みが最も発揮できるサービスだからである。婚礼写真のクオリティを向上させるためには，写真館との連携が必要不可欠であった。サロンKと写真館が高い技術を持ち寄ることで新婚夫婦や親族の期待を上回るサービスを提供する。これがK女史が目指した方向であった。婚礼写真事業は「フォトブライダル」や「前撮り」といった派生サービスを生み出したことで想像以上の成果を上げることになる。

問6 **フォトブライダルや前撮りのビジネスモデルについて，ビジネスモデルキャンバスを用いて説明しなさい。**

答　サロンKのフォトブライダルや前撮りのビジネスモデルに関するビジネスモデルキャンバスは，**図表6－2**のようになる。

図表6－2　フォトブライダル・前撮りのビジネスモデルキャンバスによるマッピング

<table>
<tr><td colspan="2" rowspan="2">（キーパートナー）
高度な技術力を持つ地元の写真館</td><td colspan="2">（主要な活動）
「フォトブライダル」
「前撮り」</td><td colspan="2" rowspan="2">（与える価値）
比較的安い客単価での商品の提供

素敵な結婚式を連想させる写真という記録と記憶の提供</td><td colspan="2">（顧客との関係）
個人客中心
一見客や競合企業は少ない</td><td colspan="2" rowspan="2">（顧客セグメント）
新婚夫婦
新婚夫婦の親族</td></tr>
<tr><td colspan="2">（主要な資源）
高度な美容・着付の技術
高度な撮影技術
花嫁衣装（服飾）
撮影場所・設備</td><td colspan="2">（チャネル）
雑誌・新聞での広報

写真館との信頼関係</td></tr>
<tr><td colspan="5">（コスト（原価））
直接費の割合は低い
パブリシティーの活用で広告宣伝費は少額で済む
貸倒れはほとんどなし</td><td colspan="5">（レベニュー（収益））
現金売上100％
購買頻度は極めて低いが客単価は高い</td></tr>
</table>

サロンＫで，「フォトブライダル」や「前撮り」といった新しいサービスが生まれたのは偶然の産物であった。つまり，できちゃった婚のカップルのために結婚式の数ヵ月前に婚礼写真を制作したことから生まれてきたのが「前撮り」で，海外赴任が決まってしまい日本で結婚式をあげるのが難しくなったために制作した婚礼写真から生まれてきたのが「フォトブライダル」であった。それぞれ顧客の要望に丁寧に応え，改良を重ねることで，結果的に一般性を持つサービス・パッケージに進化したわけである。

フォトブライダルや前撮りには，サロンＫが所有する着物や花嫁衣装を活用してもらえるという副産物もあった。もともとはサイドビジネスとして投資していた着物だが，フォトブライダルや前撮り用のレンタル商品として再び活用することができるようになったのである。もちろん，衣装レンタルで収益をあげようという目的ではなく，顧客満足度を高めるための付加的サービスという位置づけにして，格安でのレンタルとしている。

サロンＫの２つの主力商品もスタートは顧客の偶発的な動機からであった。しかし，それらが主力商品であり続けることができたのは，以下の２点をクリアしたためである。

① サロンＫと肩を並べる同業者が商圏内に居なかったこと。
② サロンＫにはＫ女史の高い技量とそれを吸収しようとする社員集団の継続的な取組みがあったこと。

問７ **サロンＫのような小規模の美容室が，「フォトブライダル」のような新しいサービスで成功できたのはなぜか。**

答 イコールパートナーの美容室と写真館が，お互いに高いレベルの能力と誠実さを有することによって，高いレベルの信頼を醸成させていったことが成功につながった。

サイドビジネスを廃止すると決めてから以降，Ｋ女史の基本発想は，自分の

強みを活かすためにはどうしたらよいか，を追求することにあった。そのためには，①自分の強みを向上させる，②自分にはない強みを持っている相手と組む，③自分の強みと相手の強みを組み合わせた独自性あるサービスを開発する，といったことが必要であった。オープンイノベーションとして近年知られている取組みがなされていたわけである。このような発想は大企業では難しい。自社で一通り何でもできるはずだし，できないとなれば自社の担当者の立場がなくなるからである。中小企業の1つの強みは，このような割り切りがしやすいことにある。

また，このような発想を実行する相手として大企業はふさわしくない場合が多い。その理由は，中小企業とイコールパートナーとして連携する体制を作りにくいという入口側の問題と，いったん成功してしまうと大企業がそれを丸呑みしたがるという出口側の問題である。したがって中小企業と大企業がウィンウィン関係を築くのは，同規模同士の連携よりも困難な場合が多い。サロンKの事例では，従来から一緒に行っていた婚礼写真事業のなかでお互いの能力と意欲を信頼しあう関係が構築され，その信頼関係を土台に「フォトブライダル」や「前撮り」といった新しいサービスが開発されていった。

サロンKは，着付けの技術を自社のコアテクノロジーとしてブランド価値を高めるため研鑽を積むとともに，写真館やホテル・結婚式場と連携して高付加価値のサービスを提供している。このパターンは成人式関連のサービスにも確認できる。美容室で成人式の着付けをする若者は近年大きく減少している。また，成人式の着付けニーズを団体割引の格安で受注する業者も増えてきており，従来型の成人式着付けの売上げは減少を余儀なくされている。その代わりに，成人式のときの写真を「フォト成人式」や「成人式の前撮り」として撮影して残したいというニーズも生まれてきている。写真館との連携で，このようなニーズを汲み取り，記念に残る着付けをサロンKは行っている。

このような取組みが実を結んで，中国地方の婚礼業界ではK女史の名前を知らない人はいない。余談だが，K女史は有名な芸能人の花嫁支度も何人も担当している。お店にK女史が支度した芸能人の婚礼写真が飾られているが，どれも高い技術力に裏づけされた作品である。

こうした成果は，サロンKの決算書にも顕著に表れている。**図表6－3**はサロンKの10年前と最近の決算データを比較したものである。

図表6－3　有限会社サロンK決算書

（単位：千円）

貸借対照表

資産の部			負債・資本の部		
科目＼年度	2008年5月31日	2018年5月31日	科目＼年度	2008年5月31日	2018年5月31日
現金預金	13,282	23,654	短期借入金	2,500	2,200
売掛金	2,823	1,925	その他流動負債	9,227	6,506
棚卸資産	1,627	1,120	（流動負債合計）	(11,727)	(8,706)
その他流動資産	262	556	長期借入金	34,271	18,121
（流動資産合計）	(17,994)	(27,255)	（固定負債合計）	(34,271)	(18,121)
有形固定資産	36,133	28,424	資本金	5,000	5,000
投資等	9,981	6,258	剰余金	13,110	30,110
（固定資産合計）	(46,114)	(34,682)	（資本合計）	(18,110)	(35,110)
資産合計	64,108	61,937	負債資本合計	64,108	61,937

損益計算書

科目＼年度	2007年度	2017年度
売上	43,352	42,904
変動費	3,940	3,927
（限界利益）	(39,412)	(38,977)
販管費	35,020	32,478
（うち，代表者給与）	(8,000)	(6,600)
（営業利益）	(4,392)	(6,499)
営業外収益	2,605	3,200
営業外費用	919	406
（経常利益）	(6,078)	(9,293)
法人税等	2,010	3,070
（当期純利益）	4,068	6,223

収益明細

科目＼年度	2007年度	2017年度
美容	23,456	16,419
婚礼	18,220	12,754
前撮り・フォトブライダル	0	12,522
商品売上	1,676	1,209
合計	43,352	42,904

5　本章の実務ポイント：サービス業のマーケティング

サロンKは，40年超の長きにわたって健全な財務状態を維持しつつ存続できた。その一因が，オーナーとその従業員の努力の賜物であることは間違いないが，結果として，オーナーとその従業員の戦略の選択の展開がマーケットと理論が示すところと合致していたことも事実である。

以下で，サービス業のマーケティングの内容をサロンKの事例を通して確認する。

(1)　サービスの特色とマーケティングに与える影響

サービスは，次のような無形性・同時性・品質の属人性といった特徴を備えている。

①　**無形性**

製品や商品が目に見えるものであるのに対し，サービスは目に見えない。したがって，効用を客観的に証明することは難しく，顧客それぞれの感性で捉えられることになる。

②　**同時性**

サービスは，生産と消費が同時に行われる。したがって，顧客満足の程度は顧客と接する現場の技量やコミュニケーション能力に左右されることになる。

③　**品質の属人性**

製品や商品においては，企業が提供するものの品質は原則として一定であるが，サービスにおいては個々の従業員毎に品質は変動する。

サービスが上記のような特徴を有するところから，サービス業のマーケティングにおいては次に説明するようにエクスターナルマーケティングのほかにインターナルマーケティングとインタラクティブマーケティングの双方が重要になる。**図表6－4**はサービス業におけるマーケティングの全体像を示したものである。

図表6－4　サービス業におけるマーケティングの全体像

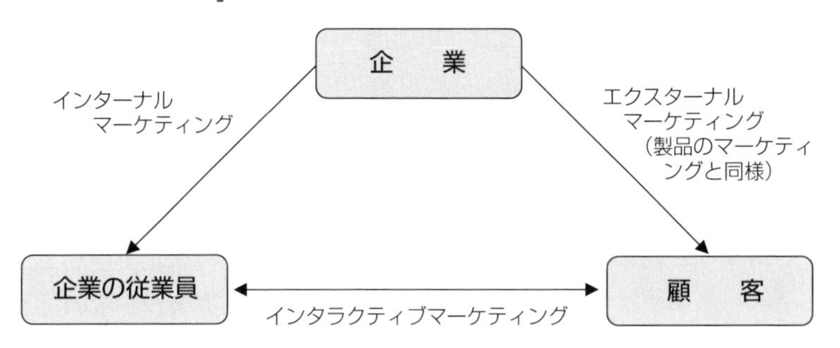

⑵　サービス業の3つのマーケティングの内容

①　インターナルマーケティング

インターナルマーケティングの対象は，内部の従業員（接客要員）であり，その取組み内容は，価値観の共有や技術面の教育である。インターナルマーケティングの効果には，従業員のスキルの向上に伴う従業員満足度の向上等がある。

サロンKにおける定期的なK女史による研修・指導や従業員の各種のコンクールへの参加の協力や受賞という成果の認証は，インターナルマーケティングそのものであり，また，「お客様帳」の情報の共有も有力な教育の手段であった。

サロンKでは前向きなインターナルマーケティングへの取組みにより，従業員の満足度が高まり，その結果が顧客満足度の向上につながったと考えられる。

②　インタラクティブマーケティング

インタラクティブマーケティングの当事者は，顧客と企業の従業員（接客要員）であり，両者の相互作用（インタラクション）としての現場での従業員の心地よい接客，きめ細かな配慮，楽しい会話などが代表的な取組み内容である。インタラクティブマーケティングの効果としては，固定客化（再来店）や顧客の「口コミ」による宣伝等がある。

サロンKの顧客が友人にそのサービスを勧めることは最も効果的な宣伝方法

である。サロンＫにおいては，「お客様帳」のデータをもとにした従業員と顧客との活発なコミュニケーションが行われ，これが顧客の維持，増大をもたらしたと考えられる。

③ エクスターナルマーケティング

エクスターナルマーケティングは，企業が顧客に対して行うマーケティングのことであり，取組み内容は，マーケティングミックスの４Ｐを中心とした従来型のマーケティングである。サロンＫの４Ｐの内容は**図表６－５**のとおりである。

図表６－５ サロンＫの４Ｐ

４Ｐ	Produce（製品）	美容と着付→美容と婚礼→美容と「フォトブライダル」・「前撮り」へと移行した
	Price（価格）	常連客に対する定価販売
	Place（流通）	サービス業では製品の「同時性」のため流通の問題は生じない
	Promotion（販促）	全国大会での数々の入賞の実績，地元新聞等での紹介，顧客の「口コミ」

(3) サービス業における接客要員の役割と管理

① 顧客ニーズの変化と接客要員の役割

従来，美容室はごく狭い地域内での人間関係を基盤とする市場を対象とする家族労働を主体とする生業的経営の形で営まれてきた。しかし，現代の美容室に対するニーズは多様化しており，顧客に対して「この美容室でなければイヤ」と思ってもらえるようなユニークなポジショニング（顧客にどう見られたいか）を獲得することは容易ではない。

この場合に最も重要な役割を果たすのが接客要員（Contract Personnel：CP）である。サロンＫにおいては，接客要員が増大し規模が拡大するのに伴い，CPの力量の向上に取り組んできた。

②　教育の手段と活用

サービス業の教育や訓練では，一般的に「業務のマニュアル」化が行われる。しかし，サロンKにおいては顧客の個人的ニーズや動機，人柄等を重視することに重点を置いてスキルの向上に努めた。この方向での教育の中心的役割を果たしたのが「お客様帳」と各種美容競技会への参加であった。CPは「お客様帳」によって顧客の動機等を頭に入れ，さりげない質問によって顧客を誘導し，顧客が心を開いて会話するように仕向ける。このコミュニケーションによってCPは顧客のニーズにマッチするサービスの提供ができ，顧客との信頼関係を強化することができる。

③　CPの動機づけ

サロンKにおいても，CPの成熟度はバラバラで，基礎的な技能を早期に身につけて従業員としての地位を安定させたい者から，自己能力のさらなる向上という高レベルの目標をもつベテランまで多様であった。そこで，K女史は，各人に合った月間の売上目標を協議の上決定させ，目標を達成したCPを全員の前で表彰し，賞状と報奨金を与えることにした。

この制度がサロンK全体に定着するにつれて，経験に富んだ先輩CPが若い向上心に富んだCPを自然に育成していく企業内環境も醸成されていった。

(4)　サービス業におけるプロモーションミックス

広告，パブリシティ，販売促進および人的販売の4つを組み合わせて，適切なプロモーションを展開することをプロモーションミックスという。

サロンKにおけるプロモーションミックスを図示すると，**図表6－6**のようになる。

図表6－6　サロンKにおけるプロモーションミックス

項目＼手法	広　告	パブリシティ	販売促進	人的販売
手法の内容	テレビ，ラジオ，雑誌，新聞等のマスコミ媒体を用いた広告。 ⇒有料である（注）。	マス媒体に記事等で取り上げてもらうことをいう。無料だが，世間が感じる信頼性は高い。	値引や「おまけ」等を用いて売上増進をねらう販売活動。 ⇒コストが発生する。	CPが顧客を説得することによって売り込む販売方法。 ⇒コストは発生しない。
サロンKでの実施の有無	実施していない。	コンクールでの受賞等がマスコミで報道される形で実施。	実施していない。	従業員の顧客との対話の中で実施。また，顧客が日常行う「クチコミ」も人的販売の一種といえる。
認知の効果	高い	高い	低い	低い
受注の効果	低い	低い	やや高い	極めて高い

（注）テレビ，ラジオ，雑誌，新聞をマスコミ４媒体というが，最近はインターネットを利用した広告が急増している。特徴は，広告視聴の後に，資料請求，アンケートへの回答，購買のアクションがなされる双方向の広告であることである。インターネット広告費の総額はマスコミ４媒体を抜くまでに成長した。

（出所）山本晶『コア・テキスト　マーケティング』新世社，2012年を参考に著者作成。

●注

1　マーケティングやブランドマネジメントのための管理会計については，伊藤克容「マーケティング管理会計の展開―顧客動向の追跡と動線設計―」『管理会計学』第26巻第２号，2018年，31-46頁や木村麻子「ブランド・マネジメントにおける管理会計情報の役割の検討―予算管理を中心に―」『原価計算研究』第36巻第２号，2012年，93-103頁などを参考にしていただきたい。

第7章

企業再生（オーナーシップの交代）
―スポーツクラブの事例―

中小企業の多くは家族経営である。家族経営は，所有と経営が一致しているため，社長のサラリーマン化や組織の硬直化が生じにくいというメリットがあることが知られている。果断な意思決定を迅速に下せることが家族経営の強みである。その反面で，企業統治の観点からは，経営者への規律づけが難しく，経営者の暴走を防ぐことが難しいというデメリットがある。

本章では，家族経営の強みを活かして成長した中小企業が，創業一族の暴走によって危機に瀕した後，新社長のもとでどのように再生を遂げたのか，地域密着型スポーツクラブの事例を通じて企業再生における経営管理システムの役割について学ぶ[1]。

1　Wスポーツの概要－沿革と経営破綻の危機

Wスポーツは，1990年創業者42歳のときに近畿地方の地方都市で創業した地域密着型のスポーツクラブである。スイミングスクール，スタジオワーク，ジムトレーニングを提供するスポーツ総合施設を核として，1995年にはゴルフ練習場を開設し，順調に会員数を増やして成長を遂げていた。ゴルフ練習場を解説するために，Wスポーツは全額出資によってG社を設立している。

地域密着型スポーツクラブとして順調に経営していると思われたWスポーツであったが，2010年８月に本業が順調でありながら突然に資金繰りの危機に直面した。資金繰りが滞るような事態の発生は，従業員はもちろん顧問税理士事務所にも知らされていなかった。創業者が温泉施設の開業を新設法人で行い，手続等を顧問税理士とは別の税理士が行っていたのである。

1990年に創業したWスポーツは，もともとは，バブル型の投資や財テクとは無縁であった。経営危機の原因は，2008年に創業者が（株）K温泉を設立して開設した温泉施設だった。温泉施設は，創業者の思いつきで開業し，創業者のすぐ下の弟が支配人を務めることでスタートした。温泉施設の開業資金1億2,000万円は，ほぼ全額を当時のメインバンクであったA銀行からの融資でまかなった。本業のスポーツクラブが比較的順調であったため，銀行も積極的に融資したようである。温泉施設の創業については，顧問税理士事務所には事前の相談がないままに進められた。**図表7－1**はWスポーツとK温泉施設の関係をまとめたものである。

図表7－1　Wスポーツと K温泉の関係性

社　名	（株）Wスポーツ	（株）K温泉施設
業　種	スポーツクラブ	日帰り温泉施設
住　所	県内のT町	県内のS町
代表取締役	創業者Y	創業者Y
資本金	1,000万円	200万円
株　主	創業者Y（100%）	創業者Y（100%）

K温泉開業当初の1年目は物珍しさもあり入浴客も多く，順調なスタートを切ったように見えた。しかし，2年目に大型ライバル温泉施設が近隣に開業したことで目算が狂ってしまった。来客数が激減し，来客数を取り戻すために入浴料を引き下げたが，結果的にさらなる売上高の減少を招くことになってしまった。また，温泉の温度が低く，加熱のための燃料費が毎月40～50万円かかることも大きな誤算の1つであった。起死回生を図るため，岩盤浴を増設したが，それが致命的であった。設計上のミスもあり，寒い岩盤浴になってしまい大失敗に終わったのである。

温泉施設の開業資金として借り入れた1億2,000万円に，増改築費用が加わった結果，負債額は２億円を超えてしまった。毎月の借入返済額は100万円である。来客数が低迷する状況で温泉施設の営業によって返済することができない金額であった。

Ｋ温泉の損益の状況とキャッシュフローの状況は，次のようなものであった。

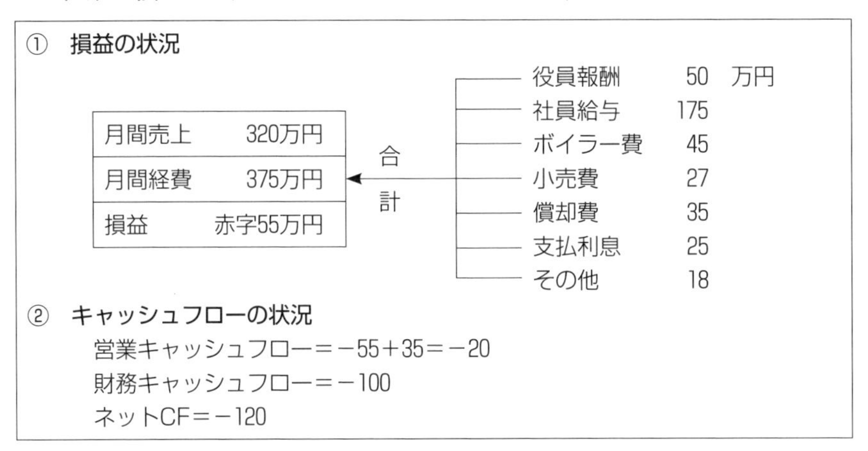

支配人を任されていたすぐ下の弟の役員報酬も満足に払えない状況であったので，弟はＫ温泉から逃げ出してしまった。

問１　創業者一族が経営する別会社の資金繰りが厳しくなったとき，顧問税理士事務所としてはどのように対応すべきか。

答　改善策の検討範囲を両社にまで広げた上で，改善策を経営者と一緒に考える。

Ｋ温泉の借入について連帯保証をしていたＷスポーツは，Ｋ温泉のキャッシュフローの不足分を補塡することになった。顧問税理士事務所はこの時点で初めて上記の事実を知ることとなった。

同時期に，銀行はＫ温泉の「債務者区分」が破綻懸念先となることを避けるため，ＷスポーツがＫ温泉を吸収合併するように強く要請してきた。Ｗスポーツは，銀行の要請を受けて顧問税理士事務所の支援のもとに今後の対応等を検討した。検討項目は，以下の３点である。

① Ｋ温泉を吸収合併すべきか否か
② Ｋ温泉の集客の回復の可能性とそれに要する支出と期間
③ Ｋ温泉の売却予想額と見込まれる損失額

検討の結果は，以下のとおりであった。

① 合併の要請については受け入れる。合併のいかんにかかわらずＷスポーツの負担額は変わらないためである。
② 集客の回復は，追加投資5,000万円を行うことで，３年後には50％前後の確率で達成できると考えた。この場合，３年間の支出合計は元利払いを含めて約１億円を超えることとなる。
③ 売却予想額は１億円で，その時の売却損の額は約１億円となる。

集客回復策を採用した場合は１億円超の追加出資であり，売却策であれば１億円の負担という計算結果から，Ｗスポーツはいったん合併した後で売却する方針を決定した。資金繰りの厳しい状況から３年後の追加投資の効果を待つ余力がＷスポーツにはなかったのである。Ｗスポーツは，銀行に買い取り先の斡旋を願い出た。

幸い，温泉施設は依頼の３ヵ月後の2010年12月に売却できた。しかし，売却価格は8,500万円だったので１億1,500万円の損失を出すこととなった。売却金額を返済に充当したものの負債額の一部でしかなく，まさに焼け石に水であった。

これまで毎日のようにご機嫌伺いに来ていた銀行も，温泉施設を売却しても残債の返済のめどが立ちそうにないことに気づいたのか，あるいはＷスポーツの債務者区分が「要管理先」等に格下げされたためか，手のひらを返したように，借金の返済を迫ってきた。債権回収が困難になってきたと思うと，支店長自ら創業者に土地建物等の資産を売却するように求めてきた。

銀行の債権回収圧力が高まるなかで，顧問税理士事務所は以下の４点に取り組んだ。

① 窮状を招いた要因の分析。
② 会社の更生を図る手法についてオーナーに説明する。
③ 更生にあたって経営者責任を受け入れ，役員報酬の減額等を実行することをアドバイスする。
④ 金融機関と会社との協議の場に加わり，専門家としてのアドバイスを行う。

更生に向けた取組みの中で，以下の諸点が明らかとなった。

① 窮況の原因は，本業の衰退ではなく投資の失敗によるものであった。
② 取引先（会員）や従業員にとって企業継続が望ましいこと。
③ 法的整理の選択は，Wスポーツの信用を著しく低下させる可能性が高いので避けるべきこと（**図表7－2参照**）。
④ 金融機関も債権放棄を伴わないリスケジュールは受け入れると思われること。

図表7－2は会社を閉じる際に，私的整理と法的整理のそれぞれがどのようなメリット・デメリットがあるか整理したものである。

図表7－2　私的整理と法的整理の概要と特徴

	私的整理	法的整理
概要	•方法：リスケジュール，第2会社方式，サービサーの活用 •裁判所の関与なし	•方法：民事再生，会社更生等 •裁判所の関与あり
長所	•柔軟な対応可能 •外部に知られない	•担保権の行使を止められる •不正の防止
短所	•反対者がいれば進められない	•時間と費用がかかる •企業価値の毀損あり

WスポーツとK温泉の合併からK温泉の売却にいたるプロセスを貸借対照表で示すと，以下のようになる。

（単位：百万円）

⑴　合併前のWスポーツ

預金	10	借入金	230
他流動資産	5	他流動資産	8
固定資産	200	資本金	10
貸付（K）	30	剰余金	△3
合計	245	合計	245

＋

⑵　合併前のK温泉

預金	2	借入金(B/K)	200
固定資産	200	借入金(W)	30
		資本金	2
		剰余金	△30
合計	202	合計	202

＝

⑶　合併後のWスポーツ

預金	12	借入金(B/K)	430
他流動	5	その他	8
固定資産	400	資本金	12
		剰余金	△33
合計	417	合計	417

⑴と⑷の差

預金	＋2	借入	＋115
貸付金	△30	資本	＋2
		剰余金	△145

⑷　売却後のWスポーツ

預金	12	借入金(B/K)	345
他流動資産	5	他流動資産	8
固定資産	200	資本金	12
		剰余金	△148
合計	217	合計	217

（売却の仕訳）

預金	85	固定資産	200
売却損	115		
借入金(B/K)	85	預金	85

こうして年商１億円前後のWスポーツは３億4,500万円の借金に苦しむことになった。

2　救世主現れる

救世主はＳ氏であった。Ｓ氏はゴルフ練習場のアルバイトとして2005年４月，22歳の時からＧ社で働き出した。Ｓ氏がバイトで勤めだした頃，ゴルフ練習場は，創業者の末の弟が支配人を務めていた。ゴルフ練習場を開設してから10年ほどたった頃である。本来ならば，練習場のリニューアルをすべき時期となっていたが，建物のメンテナンスさえ十分になされず老朽化が目に見えて進みつつあった。支配人の方針でコスト削減が図られていたというよりは，経営的な観点からゴルフ練習場の魅力を向上させるという経営者意識が欠落していたためであった。それは，たとえば利用しているゴルフボールの状態にも表れていた。本来は，６ヵ月毎にボールを入れ替えていく必要があるが，それが全くなされていなかったのである。

支配人が経営責任を果たしていない様子は，従業員の接客態度にも表れていた。会員のほうを向いて仕事するのではなく，給料をもらうために仕事をしていることが顕著にみられ，お客様からのクレーム数も年々増加していった。

開業後しばらくは順調であったゴルフ練習場も，施設や従業員のモラルが目に見える形で劣化するに従い，会員数も売上高も激減していった。**図表７－３**の売上高推移はＳ氏がアルバイトとして働き出す前までの低落傾向を示している。

図表７－３　ゴルフ練習場の年間売上高の推移（1995-2004年）

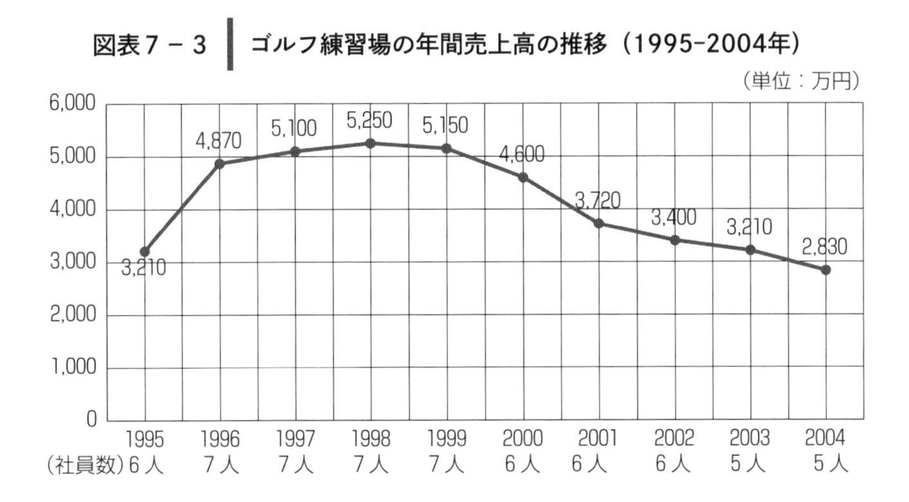

アルバイトとして働きはじめたＳ氏は，卒業とともに2006年４月にＷスポーツに正社員として採用され，ゴルフ練習場の運営に本格的にかかわることとなった。

大学で体育会ゴルフ部に所属していたＳ氏は，アルバイトの頃からゴルフ練習場の整理・整頓を率先して行い，明るい人柄もあって練習場に来ている会員はもちろんのことパート従業員からも信頼を集めるようになっていた。

社員となった2006年初秋の頃，Ｓ氏の働きぶりがたまたまゴルフの練習に来ていた取引金融機関の支店長の目に留まり，支店長の勧めもあってＳ氏は2007年12月にはゴルフ練習場の主任に昇格することとなった。24歳のときであった。

ゴルフ練習場の売上は2004年が底であった。Ｓ氏がアルバイトとして働き出した2005年から売上は回復し，Ｓ氏が正社員になった2006年には黒字化し，2008年のリーマンショックも無事乗り切り業績は順調であった。

しかし，「好事魔多し」である。あろうことか支配人を務めていた創業者の末の弟が売上金を着服する事件が発覚した。2009年の末のことである。Ｓ氏が主任に昇格して２年が経っていた。

金融機関の後押しもあって，Ｓ氏は実質的な支配人としてゴルフ練習場の運営を任されることになった。Ｓ氏のリーダーシップの下で，ゴルフ練習場は混乱なく営業を続けることができた。**図表７－４**と**図表７－５**はＳ氏がゴルフ場で働き始めてからの売上高推移と営業利益推移を示したものである。

図表７－４　ゴルフ練習場の年間売上高の推移（2004-2012年）

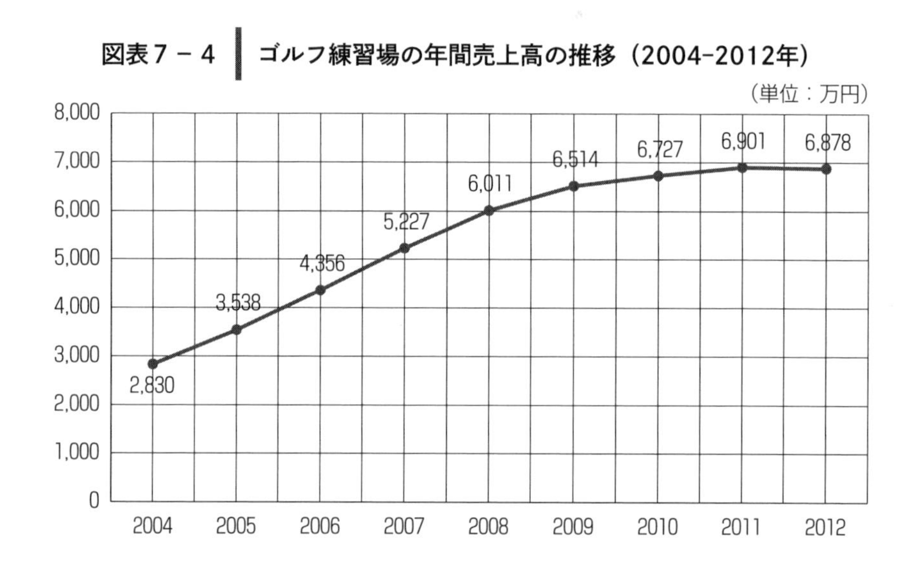

図表７－５　売上高・費用・営業利益の推移

（単位：万円）

	2004	2005	2006	2007	2008	2009	2010	2011	2012
売　上	2,830	3,538	4,356	5,227	6,011	6,514	6,727	6,901	6,878
費　用	3,605	3,896	4,296	4,926	5,567	5,953	6,192	6,278	6,266
営業利益	△775	△358	60	301	444	561	535	623	612

金融機関の担当者から「（Ｓ氏が働きはじめてから）売上が大幅に増加しましたが，その秘訣は何ですか？」と問われたときＳ氏は次のように言っている。
「当たり前のことを当たり前にしただけですよ。」

問2　Wスポーツのゴルフ練習場のように従業員のモラルが低下し，サービスレベルが低下している状況を改善するためにはどうしたらよいか。

答　まず5Ｓ（整理，整頓，清掃，清潔，躾）運動のような現場の日常活動の改善に取り組む。

Ｓ氏が心がけていたのは，清掃，挨拶と整理・整頓の3つを徹底することであった。Ｓ氏が働きはじめる前は，お客様が残していったゴミが練習場に散らかったままのようなことも多々あった。練習場の片隅には利用されていない古い器具が置かれたままになっており，その付近には毎日の掃除の後でもゴミが散乱しているような状況であった。

大学の体育会でついた習慣から，Ｓ氏はアルバイトの頃から整理，整頓，清掃を心がけていたが，支配人となったことでそれが組織的に徹底されるようになった。まず使われない器具が処分され，処分されなかった器具も倉庫のなかに片付けられた。使われない器具とともに，その付近に散乱していたゴミも消えた。清掃が行き届くようになったのである。Ｓ氏が予算権限を持つことになったおかげで，壊れた器具は修理され，古くなって使えなくなった器具は取り替えられるようになった。また，社員全員が「5Ｓ」という共通の課題に取り組むことにより，社員同士の連帯感も次第に高まることになった。

問3　Wスポーツのように設備が故障し，老朽化している状況で，コストをかけずに状況を改善するためにはどうしたらよいか。

答　社員全員で5Ｓ運動を継続することで，Wスポーツの品質・コスト・納期（Quality, Cost, Delivery：QCD）の改善を目指す。

何よりも効果があったのは，毎日のメンテナンス活動である。毎日，ボルトの緩みやオイル切れなどをチェックすることで，器具が壊れることそのものが

少なくなった。結果的に器具の修理費や取替え費用も少なくすることができた。そのおかげで練習ボールのような消耗品を定期的に新しくする余裕も生まれた。さらに資金的余裕を活用して，トイレの改装も行うことができた。和式トイレを洋式に替えて，広々とした清潔感のあるトイレに改装したのである。

整理・整頓に清掃，挨拶を徹底するという方針は，開業以来ずっと赤字続きであった軽食コーナーの姿まで変えることになった。S氏は，メニューを吟味し売れ筋にメニューを限定することで，食材のロス率を下げるとともに，メニューのクオリティを上げることができた。これによって，わずかではあるが，軽食コーナーは黒字へと転換した。メニュー削減に対して会員からのクレームが心配されたが，その心配は杞憂に終わった。クオリティ自体の向上と，何よりも接客態度が目に見えて改善されたことが功を奏したのである。S氏が主任になった頃から，従業員の表情が明るくなり，お客様に対しての心配りができるようになった。このような従業員の能力の向上はサービスの質の向上やコストの削減につながり，そのことが顧客の満足度を高め，結果として毎月着実に利益を計上できるようになった。かつては，赤字経営でグループ全体の足を引っ張っていたゴルフ練習場が，グループ全体を支える存在となった。

3　外部環境変化への対応

ゴルフ練習場がWスポーツのお荷物から花形部門へと育っていく一方で，本業のフィットネスクラブのほうは業績が悪化していた。

開業当初は地域密着型スポーツクラブとして個性を発揮していたWスポーツであったが，2000年代に入っても会員サービスの中身は開業当初からほとんど変わらないままであった。その間にフィットネスクラブの競争環境は大きく変わっていた。1990年代には会員の集客に役立っていたエアロビクスはブームが去り，ムエタイや太極拳など武術の動きをとり入れた有酸素運動やヒップホップ系のダンスエクササイズ，軽いプラスチック製のウェイトを用いたバーベルエクササイズなどが台頭していた。しかし，当時のWスポーツは海外のフィットネスエクササイズやスポーツサイエンスという新しいサービスの動向には興味がなく，新しい流れから取り残されてしまっていた。その結果，フィットネスクラブでも売上の減少が顕著となっていった。

Wスポーツには会員組織があり，毎年春と秋に会社側とで意見交換会を行っていた。そして，会議の場で毎回のように運営に対する不満の声とゴルフ場の支配人として活躍しているＳ氏をフィットネスクラブの支配人として迎えて欲しいという要望が寄せられた。２つの組織が比較的近距離にあり，顧客の多くが重なっていたことが，Ｓ氏を求める声の高まりを加速させることになった。

こうしてＳ氏は，ゴルフ練習場のアルバイトから正社員に，正社員からゴルフ練習場主任を経て支配人になり，その５年後にはフィットネスクラブの支配人も兼任する立場になった。2012年Ｓ氏29歳のときのことであった。

フィットネスクラブでもＳ氏は当たり前のことを当たり前に行っていった。清掃に整理，整頓，フィットネスクラブの設備を内から見ても外から見てもいつもきれいにしておく。あいさつを大きな明るい声でする。会員の様子に目配りし，相談には親身に乗る。フィットネスクラブの従業員として必要な知識を持つよう勉強会を毎週月曜日に行う。新しいアルバイトでもすぐになじめるようわかりやすいマニュアルを作る。つくったマニュアルは守る。守れないマニュアルは改善する。こういう地道な活動をコツコツ続けるなかで，従業員から新しい会員サービスの提案が行われるようになり，会員はもちろんのこと外部からのインストラクターからの信頼も高まっていった。Ｓ氏がフィットネスクラブの支配人を兼任してしばらくすると，会員数の減少に歯止めがかかり，逆に増加するようになった。

Ｓ氏の主導で行われたWスポーツとゴルフ練習場の改革が成功した背景には，以下の４つの要因があったと思われる。

① 変わり続けている企業の外部環境の変化に気づいたこと。
② 環境の変化に対応して自社の経営理念等の見直しがなされたこと。両社の経営理念は「顧客のために当たり前のことを当たり前にする」で，Ｓ氏の強いリーダーシップの下で理念は組織の隅々まで浸透していったこと。
③ 理念を実現するための組織体制を構築したこと。Ｓ氏が支配人となったことが重要である。
④ 理念にもとづくやるべき日常業務を決められたとおり実践し続けたこと。５Ｓ運動等がこれに該当する。

4　ゴルフ練習場をM&Aにより売却へ

S氏がゴルフ練習場とフィットネスクラブ両方の支配人を兼任するようになって1年たった2013年9月，ゴルフ練習場売却の話が浮上した。他県の同業者（G社）がゴルフ練習場を買い取りたいと申し出てきたのである。建物や設備はかなり老朽化が進んでいたにもかかわらず，1億3,500万円の値段が提示された。売却の形式は，G社株式の譲渡である。

銀行からの借入の元利払いに苦しんでいた創業者にとっては，渡りに船の話である。当時，銀行からの借入残高は3億円で，毎年約1,800万円の元利払いが必要だったのである。ゴルフ練習場は業績を改善していたとはいえ，年間売上高が6,900万円で，経常利益が600万円，土地評価額は1億円であった。

問4　**Wスポーツのゴルフ練習場の売却話が浮上した際に，顧問税理士事務所としてはどのようなアドバイスを行うべきか。**

答　株式売却価格の妥当性，M&A後の役員構成，銀行借入や借入の連帯保証の差し換え，雇用の維持等のM&Aの諸条件について洩れなくアドバイスを行う。

この頃すでにWスポーツの経営にとって不可欠の役割を果たしていたS氏であるが，ゴルフ練習場の売却はS氏に知らされることなく創業者一族によって進められた。S氏や従業員から反対の声が上がるのを恐れたためである。

さらに，創業者はM&Aの契約とは別に会員名簿を売却する裏契約を結び買収先からの1,000万円を懐に入れていた。この事実が会員からの連絡で露見することになった。その後1,000万円の件は，創業者が1,000万円をWスポーツに返金することで決着したが，創業者の運営責任・説明責任のいずれもが欠けていることが白日の下にさらされることとなった。一方，買収先からは，S氏に対して引き続きゴルフ場の支配人として残って欲しいとの要請があった。Wスポーツに対する信頼が急落している折でもあり，金融機関もS氏がWスポーツで責任ある立場にとどまることを期待した。

問5 **Wスポーツのように創業者一族が会社の存続を危機にさらしているようなとき，顧問税理士事務所としてはどうすべきか。**

答　継続的経営管理システムを構築する視点からアドバイスをする。

顧問税理士事務所の担当者としてWスポーツにかかわっていたＩ氏は，この状況からどうすれば立ち直れるのか悩む日々が続いた。そんななか「Ｓ氏が社長になってくれたならば，こんな潰れかけた会社でも立ち直らせてくれるのではないか」とＩ氏は考えた。Ｉ氏は突拍子もない提案だとはわかっていたが，Ｓ氏に「支配人を辞めて社長になってみたらいかがですか」と口に出してみた。意外にもいつもと同じような淡々とした口調でＳ氏は「支配人でも経営に携わっていたし，それもいいですね」と返答したのであった。

通常あまりない話であるが，Ｓ氏の社長就任については取引先銀行からも快諾された。それまでの実績から，Ｓ氏は銀行からも信用されていたのである。創業者はというと，借金だらけのWスポーツから逃げたがっていたので，渡りに船とばかりにトントンと話は進み，取締役Ｓ社長が誕生した。

Ｓ氏の社長就任にあたっては**図表７－６**の内容が合意され，直ちに実行された。

ゴルフ練習場の売却からＳ社長の誕生の前後でのWスポーツの財務状態は次のように推移した。もともとの３億5,000万円の銀行借入にゴルフ練習場売却で得た１億3,500万円を返済に充てて，借入残額が２億1,500万円，年利率３パーセント超で，年間の利息は約650万円という数字である。

ゴルフ練習場を手放したため，グループの売上は１億6,000円から9,000万円弱になっていた。Ｓ氏が社長に就任した2014年３月当時，Wスポーツの資金は底をついており，銀行からのつなぎ融資でどうにか息をついている状態であった。当然，Wスポーツは銀行から厳しくモニタリングされており，毎月の試算表を提出することが求められていた。そのため，ちょっとした修理・修繕も銀

図表7－6　社長就任にあたっての創業者とＳ氏の合意事項

	創業者	Ｓ　氏
代表権	代表取締役（会長）	代表取締役（社長）
保有株式	発行済株式の全株所有していたうち半数を500万円でＳ氏に譲渡	発行済株式の半数を創業者から500万円(額面)で買い取る
会社借入の保証	連帯保証は続ける	保証債務はない
主な役割	定時株主総会へ出席し議決権を行使すること	株主総会での議決権行使の他，会社の管理全般を統括する
その他	役員報酬は引き下げられた	役員報酬は増額された

行にお伺いを立てなければいけない有様であった。

銀行がこのような厳しい姿勢をとっているのにも十分な理由があった。それまでの創業者の対応によってWスポーツは銀行の信用を失っていたのである。銀行から返済計画書を出すよう求められていたにもかかわらず，創業者はその要求をのらりくらりとかわし続けていた。こうしてWスポーツの信用格付けは破綻懸念先となっていた。その１つ下は実質破綻先というランクである。

Ｓ社長が就任した頃のWスポーツは，施設の老朽化が進んでいるにもかかわらず，器具の入替えやメンテナンスに必要な資金のめどがつかないという危機的な状況であった。古くなった器具をスタッフが修理しつつ使っていたため，修理代はかさみ会員からの苦情も絶えなかった。フィットネスクラブの建物のメンテナンスもろくにできておらず，いつ屋根が崩れ落ちてもおかしくないと密かに心配されていたほどであった。いつまで安全に営業を続けることができるか，それ自体が懸念された。

問６　**Ｓ社長のように窮境下にある企業の経営を引き継いだ経営者に，顧問税理士事務所としてどのようなアドバイスができるか。**

答　ピンチはチャンスでもある。自身の有している指導力をアピールし，また，成功の確率を高めるためにも経営計画を策定し，実行に移すべきである。

5　経営計画が必要！

「このままでは，銀行に食われてしまう。」Ｓ社長は「銀行と対等に交渉できるようにならなければいけない」と考え，打開策を探るため顧問税理士事務所に相談に来た。Ｓ氏に社長就任を勧めた担当Ｉ氏は，実のところＳ氏が相談に来るのをずっと待っていたのである。

問７　**顧問税理士事務所から経営計画策定を提案するのではなく，経営者の方から相談に来るのを待っていたのはなぜか。**

答　他者からの勧めではなく，社長自身の強い内発的動機から計画策定に取り組むべきであるからである。

Ｉ氏はこれまでの経験から，企業再生は経営者自身の強い思いから出発しなければ，どんなよい計画を作っても絵に描いた餅で終わってしまうことを熟知していた。ノウハウ的な部分は顧問税理士事務所がアドバイスできるが，実行するのは顧客の経営者や従業員である。経営者自身が主体性をもって考えて行動しなければ企業再生はまず成功しない。それを専門家とはいえ，第三者的立場の人間が安易に口を出すことは，当事者の主体性を損なう原因になってしまう。Ｗスポーツの再生は一刻を争う状態であり，時間との勝負の様相を呈していた。Ｓ氏は社長に就任すれば早晩相談に来るだろうとＩ氏は思っていた。

税理士事務所に相談に来たＳ社長をＩ氏は事務所の所長と一緒に玄関まで出て出迎え，まずは現状を整理し，そのうえで対応策を一緒に検討することにした。Ｓ社長とＩ氏の認識はほとんど同じであったので，現状整理はすぐに終えることができた。やはり設備の老朽化と資金繰りがＷスポーツの解決しなければならない課題であった。問題は，どのようにしてこの課題を解決するかである。対症療法的には銀行からどうやって融資を引き出すかという問題であるが，Ｉ氏はより抜本的な解決をすべきだと考えた。そこでＩ氏は「経営計画を作ってみましょう，短期，長期で。目標を具体的に数字に起こすことで，道筋が開けてくるはずです。」と提案し，快諾したS社長は経営計画策定に取り組んだ。

問8 **S社長のように窮境下で経営を引き継いだ経営者と経営計画の策定を進める場合，顧問税理士事務所としてどのようなアドバイスができるか。**

答 経営責任の所在を明らかにした上で，実現可能性の高い経営計画を作るようにアドバイスする。

現状整理をするなかで，Wスポーツの借入金には，Wスポーツの営業を続けるために必要であった借入金1億円と，Wスポーツとは関係なく創業者が作ってしまい今回の合併でWスポーツがかかえることになった最近の借入金1億1,500万円があることがわかっていた。そこでI氏は，もともとあった借入金と新たにかかえてしまった借入金を分けて考えることを提案した。こうして，Wスポーツとしてはもともとあった借入金1億円の返済を行い，新たにかかえてしまった借入金については創業者が所有する不動産（貸家）を売却することで返済していくという大筋が固まった。

こうしてS社長の経営計画書作成が始まった。S社長が納得する経営計画ができるまで，I氏はS社長と何度も議論しアドバイスした。しかし，あくまでサポート役としてである。経営者が主体的に作った経営計画に対する取組み姿勢と，与えられた経営計画では取組み姿勢が全く異なる。税理士事務所や銀行が作った経営計画だと同じように予実管理をしても，計画の粗（あら）を見つけて喜んだり，計画通りにいかなかった言い訳を探して満足するようなことになりがちである。経営者のプライドが目標達成へ向けての推進力になるか否かは，経営者が経営計画を主体的に策定したかどうかに大きく左右されるのだ。

S社長が税理士事務所を訪問してから1ヵ月後に経営計画書が完成した。S社長が作り上げた経営計画書は，A3用紙で5枚であった。

経営計画は，現実に達成可能な目標として月々の売上高を780万円に設定するところからスタートしていた。この月次売上高目標を達成することを至上命題として，販管費を徹底的に絞り込んで月次の営業利益目標は58万円となった。この月次目標をもとに，単年度損益計画とキャッシュフロー計画が作成された。**図表７－７**はＳ社長が策定した経営計画のなかの損益計画とキャッシュフロー計画である。利払い負担を考慮すると，単年度の税引前利益は70万円というのが現実的な目標であった。

図表７－７　損益計画とキャッシュフロー計画

（単位：万円）

損益計画		
	年間売上目標	9,400
	営業費用	8,700
	（うち，償却費）	（900）
	支払利息	630
	税引前利益	70（注）
	法人税等	0
	当期純利益	70

キャッシュフロー計画		
	当期純利益	70
	償　却　費	900
	（営業キャッシュフロー	970）
	元金返済額	660
	（ネットキャッシュフロー	310）

（注）2010年の損失１億1,500万円の繰越しあり。

短期経営計画と一緒に長期経営計画も策定された。建物の大改修や，フィットネス器具の買替えなどのタイミングを考慮して，資金調達・返済を念頭においた10年の長期計画が作成されていた。借入金返済計画は，前述のようにＷスポーツのための借入金と，温泉施設の経営の失敗で背負ってしまった借入金と区別して策定された。この計画は，Ｓ氏の社長就任を後押ししてくれた銀行とも綿密な意思疎通をした上で策定していたので，銀行のほうも15年という長期にわたる返済計画を受け入れてくれていた。

こうして，Ｓ社長の経営計画書が完成した。数値化した目標ができたことで，Ｗスポーツの経営戦略も立てやすくなった。ある意味で，経営計画書を作成するなかでＳ社長の頭のなかに経営戦略ができあがっていったのである。まずは設備投資負担の少ないところから経営計画が実行されることにあった。具体的には，新しいフィットネスプログラムを取り入れて，それをチラシ配布やSNSなどの利用によって広め，連動して新会員向けキャンペーンや愛好者向けイベントなどを次々に打ち出していったのである。

フィットネスクラブは季節商売のところがあり，Wスポーツでも冬場は成人スイミングの退会者が増え，4月，5月は部活が本格化するため小学校5年生の退会者が増える傾向にあった。これらの季節要因を念頭に，キャンペーンやイベントを行うことで，Wスポーツは退会者数を抑制し，新規入会者を増大することに成功した。

S氏が社長に就任してから5年，Wスポーツの実績は当初の経営計画を大幅

図表7－8 年度毎の損益とキャッシュフローの比較

（単位：万円）

年度	2014	2015（注①）	2016	2017	2018（注②）
S氏年齢	31	32	33	34	35
創業者年齢	66	67	68	69	70
売上	9,400	9,500	9,500	9,600	10,000
営業費 （うち，償却費）	8,700 （ 900）	8,800 （ 900）	9,000 （ 900）	9,000 （ 900）	10,500 （ 900）
支払利息	630	615	240	230	210
税引前利益	70	85	260	370	△710
法人税等	0	0	80	120	0
当期純利益	70	85	180	250	△710
営業CF	970	985	1,080	1,150	190
元金返済	660	660	660	660	660
退職積立	0	200	200	200	0
投資	0	0	0	0	0
ネットCF	310	125	220	290	△470
預金残	310	435	655	945	475

（注①）創業者より所有資産の売却代金1億1,500万円の入金あり。当該入金については債務免除を受けるが，繰越欠損金があるため課税は生じない。

（注②）創業者は70歳で退職金1,500万円（営業費に含まれている）を受領し，代表取締役を辞任し，銀行借入の6,700万円の保証はS氏が引き継ぐ。

に上回るものとなった。経営計画書以上に業績が伸び，売上高は１億円，税引前利益は1,000万円近くにまでなった。**図表７－８**はＳ氏が社長に就任してからの毎年の損益とキャッシュフローの推移である。

Ｓ社長が経営計画を策定してから５年で，銀行との関係も大きく変わった。Ｓ社長就任時にはＷスポーツは事実上の銀行管理下にあったが，それが５年後には銀行と対等の関係で交渉できるようにまでなった。Ｗスポーツは，毎年新しい経営計画書を作成し，それを持って説明することで，銀行から高い信頼を得ることができている。また，メインバンク以外の銀行からも取引を行いたいという申し出が届くようになった。銀行管理下の会社が，取引銀行を選べる会社に変わっていったのである。

6　再び会社存亡の危機

順調に再生を遂げていたかに見えたＷスポーツであるが，再び存亡の危機に瀕することになった。2016年初秋にこの地域を直撃した大型台風によって，建物の窓が破られ屋根が吹き飛ばされてしまったのである。これにより，建物が復旧されるまでの間，長期の休業が不可避となった。

当然，会員の激減が予想された。風評被害も著しく「Ｗスポーツはもうダメだね」「あそこは潰れたそうだよ」といった根も葉もない噂がＳ社長やＩ氏の耳にも届くようになっていた。

風評とは裏腹にＷスポーツの財務状況は強固なものであった。自然災害が多くなっていることを気遣っていたＳ社長の判断で保険の保障額を増大させていたのである。そのおかげで，建物の修理や，従業員の給料などは保険金で十分まかなうことができた。また，休業補償額も大きくしていたので営業利益の減少を補填することもできた。

保険の入金は期待できるものの建物の修理には数ヵ月以上が必要であり，営業再開は５ヵ月後となることがわかった。大改修工事を実施し，休業期間を乗り切ったとしても，風評被害のダメージが心配された。営業を再開しても会員が離れてしまっては経営は成り立たない。まさに存亡の危機であった。

大型台風によって吹き飛ばされた屋根は，プールと事務所の上部分だけであり，フィットネスプログラムやダンス教室が行われるスタジオ部分は営業可能であった。計算してみると，フィットネスとダンスだけでも営業を継続すれば4割程度の売上高は確保できそうであった。

問9 **台風直撃を受けたWスポーツにおいて，フィットネスプログラムとダンス教室だけでも営業を継続すべきか。**

改修工事が完了してからの営業再開か，それとも部分的な営業再開か，S社長は不格好ではあっても部分的に営業を継続すべきであると考えた。このことにより，少なくとも地域の顧客とのコンタクトは維持・強化できるというのがその理由であった。

S社長は，不完全な状態で中途半端に営業を継続するかわりに，会員サービスの機会としてこのピンチを活用することにした。工事期間中は「フィットネス無料開放」「会費も5ヵ月間引き落しません」というキャンペーンを張ったのである。これにより売上高0円になったのはもちろんである。

フィットネスプログラムをこうして継続したものの，ほとんどの従業員はヒマにしている。そこでS社長は，工事期間中「みんなで清掃活動をやろう」と決めた。大通りを派手なスポーツクラブのロゴ入りTシャツを着て清掃することにしたのである。S社長は「風評被害なんかに負けずにWスポーツは元気です」と清掃活動を通じて伝えようと従業員に訴えた。清掃活動も，目的を共有してみんなで行えば元気が出る。従業員が明るい表情で街をきれいにする姿は，Wスポーツの風評被害を補ってあまりあるものとなった。5ヵ月後に営業を完全再開したとき，会員数は逆に増えていた。Wスポーツの売上は，またたく間に回復していった。

7　本章の実務ポイント：経営改善計画の作り方

Wスポーツは，幾度となく経営破綻の危機に見舞われながら，S氏の強力なリーダーシップのお陰で再生することができた。

以下では，窮状にある中小企業が金融機関の支援を得るために，また，経営改善の可能性を高めるために策定する経営改善計画のポイントを整理する。

(1)　経営改善計画の意義

債務者区分で要注意（要管理先を含む）に分類される業績の悪化した企業が，健全企業への復帰を目指して策定する計画書を「経営改善計画書」という。

リーマンショック後の中小企業の資金繰り悪化に対応するために2009年に制定された「中小企業等金融円滑化法」が再度の延長の後に2013年３月に最終期限を迎えたが，中小企業経営は未だ苦境にあったため新たに「中小企業経営力強化支援法」が制定され，その後「中小企業等経営強化法」に改正され現在に至っている。

そして，強化法の中心をなすものが「経営改善計画」策定への支援である。以下の要件を満たすときに計画策定やモニタリングの費用の３分の２（上限200万円）が補助金として支給される。

(2)　「中小企業等経営強化法」の支援を受けるための条件

以下のⓐ～ⓓのすべてを満たす必要がある。

ⓐ　中小企業・小規模事業者（個人事業主も含む）であること。
ⓑ　借入金の返済等に苦しんでいる等の財務上の問題を抱えていること。
ⓒ　認定支援機関の支援を受けて経営改善計画を策定すること。
ⓓ　借入金返済のリスケジュール等の金融支援を必要としており，その支援が見込めること。

なお，利用プロセス，経営改善計画のチェックポイント，必要な帳票類は次頁以降のとおりである。

◆ 利用申請から支払決定，モニタリングのプロセス

① 利用申請

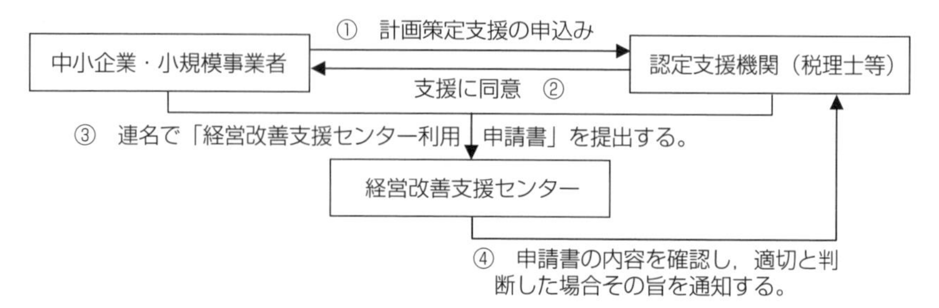

② 経営改善計画策定支援・合意形成

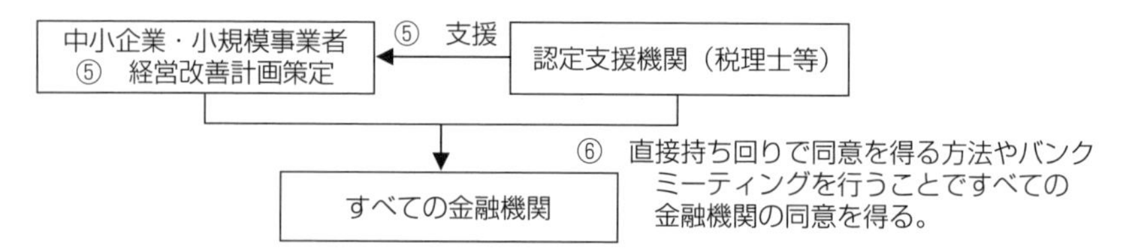

③ 支払申請および支払決定

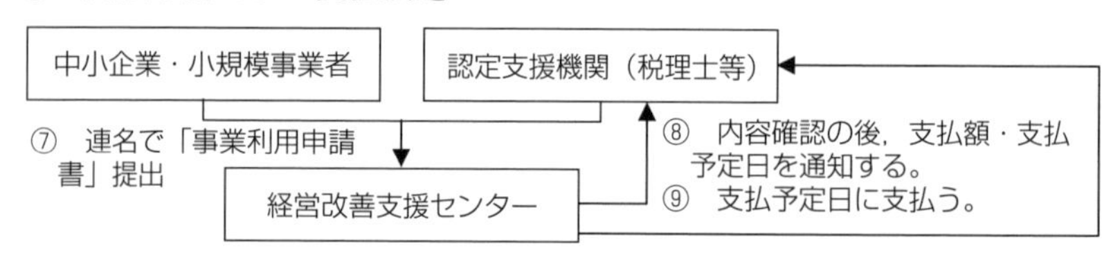

④ モニタリング

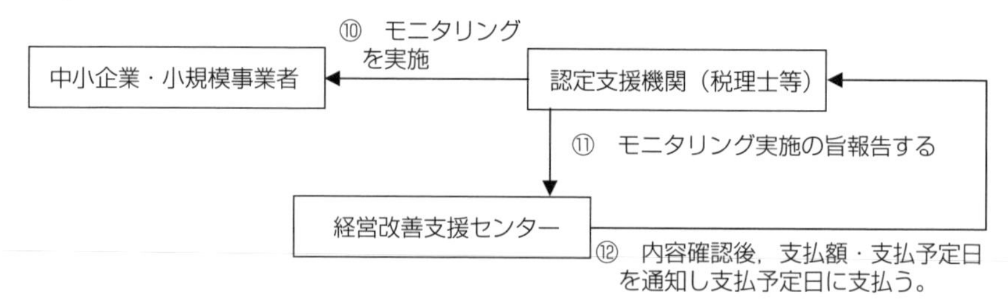

◆ 経営改善計画に求められる5つの要素とチェックポイント

5つの要素		チェックポイント
（企業概要）		会社名，住所，資本金（株主構成），代表者名（年齢・後継者の有無），役員構成
		従業員数（うち，非正規雇用者数），事業内容，主要得意先，主要仕入・外注先
(1)	窮境原因の把握	直近3期分の決算内容から業績の推移や窮境原因が読み取れるか。
		セグメント毎の収益性の大小や動向がABC分析や年計表で明らかになっているか。
		PEST分析・5フォース分析・VRIO分析（SWOT分析）のクロス分析をもとに社長が戦略を決めているか。
(2)	戦略の妥当性	クロスSWOT分析の結果は，窮境原因を明らかにすることにつながっているか。
		「クロスSWOT分析表」から妥当な戦略案が導かれているか。
		戦略は「経営課題」と「改善策」として具体化されているか。正常先復帰はいつか。
(3)	実行可能なアクションプラン	計画期間（3年間）にわたって部門毎のアクションプランが作成されているか。
		アクションプランには「進捗会議」と「金融機関への定期報告」が必ず織り込まれているか。
		改善策ごとにKPI（重要業績評価指標）は適切に設定されているか。
		各部門のアクションプランは個人レベルまでブレークダウンして各人の目標として示されているか。
(4)	予想財務諸表の作成	セグメント毎の売上計画は経営戦略と整合性はとれているか。
		5期間の計画損益計算書は経営戦略と整合性はとれているか。
		5期間の貸借対照表は経営戦略と整合性はとれているか。
		5期間のキャッシュフロー計算書は経営戦略と整合性はとれているか。
		返済計画一覧表は他の計算書類の結果と合致しているか。
		1期分の月別損益計画は季節性等を織り込んでいるか。
		1期分の資金繰予定表は根拠にもとづくものとなっているか。
(5)	PDCAのしくみと運用	計画と実績の差は定期的に測定されているか。
		改善策（計画）を見直す数値基準（計画と実績の差異額）は明らかになっているか。
		モニタリングは定期的に行われているか。
		モニタリングの結果は次年度の計画作りに活かされているか。
		モニタリングには必ず社長がかかわるようになっているか。

◆　経営改善計画の帳票類

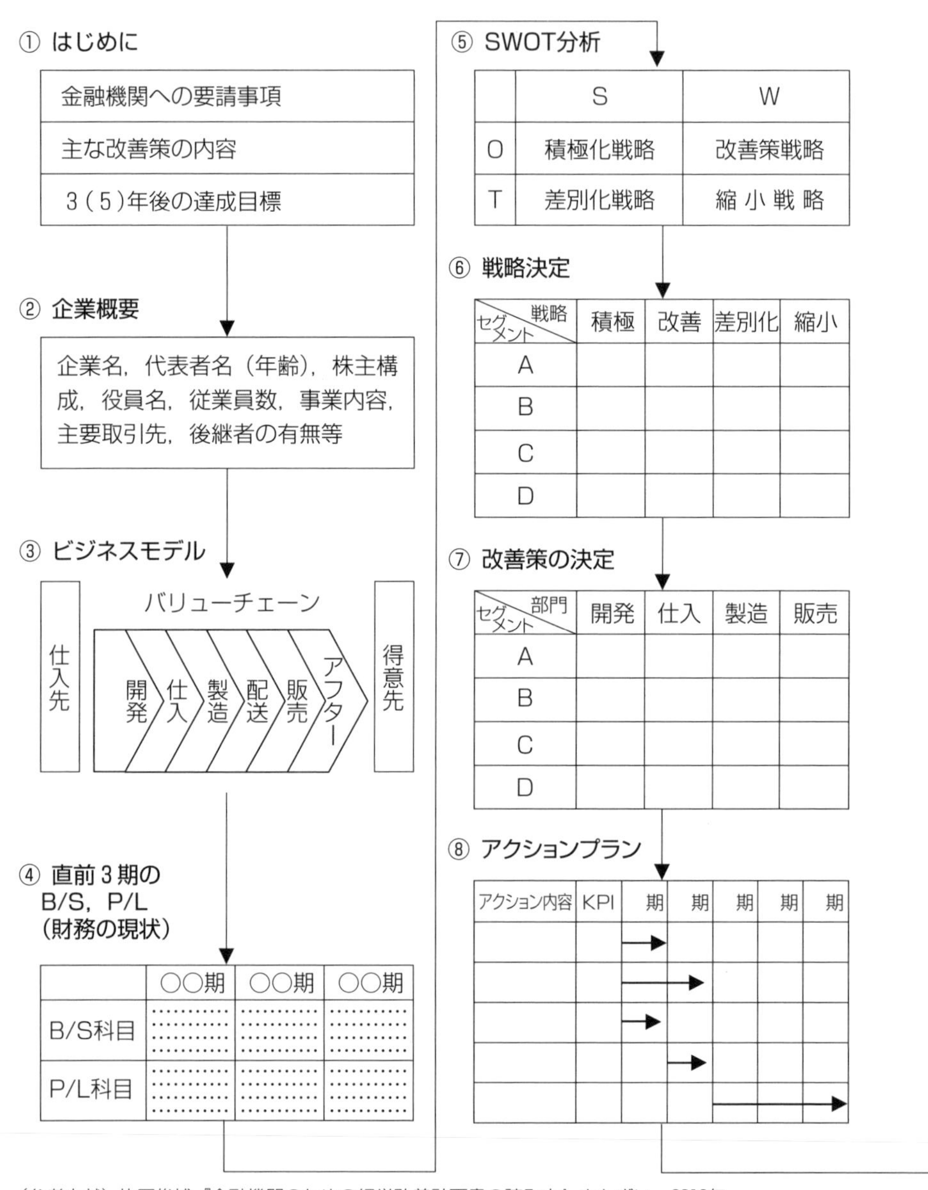

（参考文献）片岡俊博『金融機関のための経営改善計画書の読み方』きんざい，2016年。

⑨ 売上計画
期別
セグメント
期
期
期
期
期
A
B
C
D
⑩ 経費（固定費と変動費）と利益の計画
期別
セグメント
期
期
期
期
期
A V F
B V F
C V F
D V F
⑪ 財務計画
B/Sの各科目が対象
計画期間は５期（５年間）
投資計画も計上する
銀行別の調達・返済・残高も計上
⑫ キャッシュフロー計画
５期が対象（期別）
営業キャッシュフロー
投資キャッシュフロー
財務キャッシュフロー
に区分する
⑬ 月次予実管理
12ヵ月（１年間）が対象
損益計算書項目
計画値
実績値
対比し差額を求める
⑭ 組織マネジメント計画
経営改善計画のPDCA
業務プロセスの改善が目的
会議とモニタリングの定期的実施
⑮ 年計表ABC分析
セグメント別の24ヵ月の売上全額を用いる
傾　向
重要度
が判明する
⑯ 付表(2)
目標管理制度
従業員各人が対象となる
スキルと行動の目標と実績の比較
成果を評価し適切な評価を行う
人材育成が目的

●注

1　企業再生と管理会計については，吉川晃史『企業再生と管理会計―ビジネス・エコシステムからみた経験的研究』中央経済社，2015年，企業再生における専門家の役割については弓削一幸『「事業再生」の嘘と真実』幻冬舎，2017年，金融機関の考え方については百武健一『中小企業のための融資判断の手引き』きんざい，2013年，再生計画の策定については藤原敬三『実践的中小企業再生論―「再生計画」策定の理論と実務―（改訂版）』きんざい，2013年などを参考にしていただきたい。

第8章 事業承継の準備 —診療所の事例—

中小企業の経営をめぐる喫緊の課題の１つが「事業承継」である。2016年12月に中小企業庁より公表された改訂版の「事業承継ガイドライン」によれば，2020年頃に団塊世代経営者の大量引退が予想されており，事業承継に失敗することで多くの雇用が失われるだけでなく，貴重な技術やノウハウの喪失が危惧されている。

事業承継を考えている経営者が相談しているのは，顧問税理士である。野村総研が行った調査（中小企業白書）によれば，事業承継に関する知識を得た先としては顧問税理士がトップ，書籍等が続き，金融機関等のセミナーが３位となっている。このように，事業承継を成功裏に進めるうえで顧問税理士事務所がおかれている立場はきわめて重要である。

本章では，診療所の事例を通じて，事業承継の準備に税理士事務所が果たしうる役割について学ぶ。事業承継において税理士事務所が果たしうる役割は，経営計画の策定から，第三者事業承継や事業譲渡先（M&A）の紹介まで多種多様であるが，ここでは，経営者が正しい意思決定ができるよう有用な情報を提供する役割を中心に紹介する。

1　万寿クリニックのビジネスモデル

万寿クリニックは，現院長のＴ院長が43歳の1994年時に開業した個人医院を2000年に法人化したものである。人口45万人ほどの地方都市の中心部に立地している万寿クリニックでは，経理担当のT院長の妻も含めて16名の従業員が勤務している。T院長は開業するまで，公的病院の放射線科の部長を務めていた。

多くの診療所と同様に，万寿クリニックでも，経理はT院長の妻が管理している。T院長も日々の診療を通じてクリニックの経営全般について把握しているが，それを経理面からT院長の妻が丁寧に支えてきた。2人の子供に恵まれ，2人とも医療関係の仕事に就いている。両親が子供に医療関係の職に就くよう勧めたわけではなかったが，自然にそうなったようである。長男は研修医としての期間をつい先頃に修了し，専門科として放射線科を選択した。次男は現在，大学病院で医師として研修中である。

万寿クリニックの診療内容は，放射線科・内科である。T院長が公的病院で実績を上げてきた放射線科専門医であったことから，万寿クリニックでは高価な診断機器を備えて，MRI機器やCT機器を活用した専門的な検査や画像診断を行っている。

(1) 万寿クリニックの経営方針と財務状況

穏やかな人柄を反映してか，T院長は患者の話に根気よく耳を傾け，丁寧に診察していると開業当初から地域の評価は高かった。個人病院を開業してから20年経過した現在は，かかりつけ医として多くの地域住民がT院長を頼りにしている。T院長自身も地域住民のクオリティ・オブ・ライフ（質の高い健康的な生活）を意識して，診療しているとのことである。ジェネリック医薬品が話題になったときに，顧問税理士事務所の担当者であるK氏がその話をT院長にしたところ，T院長は「確かに値段は安価で手に入るけれど，効能の違いは歴然。できれば患者さんには効果の高い薬を使ってほしいから，そこのところを説明してわかってもらうようにしている」と自分の方針を説明した。患者の立場になって治療効果について丁寧に説明するT院長の人柄が，万寿クリニックが患者の高い信頼を勝ち得ている理由である。

万寿クリニックを訪れる患者層は老若男女さまざまであるが，最も多い患者層は70歳以上の高齢者で全体の40％超となっている。その内，75歳以上の後期高齢者が78％を占めている。地域の人口は徐々に減少しているが，罹患率の高い高齢者の人口が増加しているため，総患者数としてはここ数年大きな変動はない。また，年齢層別の外来診療単価にも大きな変化は見られない。

内科の外来診療単価（1日当たり）は，厚生労働省の2015（平成27）年度調査によると内科は8,384円であるが，万寿クリニックの場合，単価の高い放射線診断料のウエイトが高いところから，10,300円前後とかなり高くなっている。万寿クリニックの2016年度の財務状況は，**図表8－1**のとおりである。

図表8－1　万寿クリニックの決算書（2016年度）

貸借対照表　（単位：千円）

資産	金額	負債・資本	金額
現金預金	34,310	買掛金	4,103
医業未収金	27,161	未払法人税等	8,957
医業在庫品	1,729	その他流動負債	2,145
その他流動資産	316	（流動負債合計）	（15,205）
（流動資産合計）	（63,516）	長期借入金	150,936
有形固定資産	265,338	（固定負債合計）	（150,936）
（うち，土地）	（166,949）	負債合計	166,141
無形固定資産	138	資本金	27,900
投資等	5,039	利益剰余金	139,990
（固定資産合計）	（270,515）	資本合計	167,890
資産合計	334,031	負債資本合計	334,031

損益計算書（単位：千円）

売上高	201,985
変動費	15,699
（限界利益）	（186,286）
販売費及び一般管理費	158,786
（営業利益）	（27,500）
営業外収益	7,653
営業外費用	3,185
（経常利益）	（31,968）
法人税等	10,778
当期純利益	21,190

万寿クリニックの財務内容をTKCの経営指標の「無床診療所」の財務データと比較した結果は，**図表8－2**のとおりである。

図表8－2　万寿クリニックの財務内容の業界平均との比較

	年間売上	従業員数	限界 利益率	売上高 経常利益率	1人当たり 月間売上	1人当たり 月間限界利益
万寿クリニック	千円 201,985	16（人）	92.2%	15.8%	千円 1,052	千円 970
TKCの値	169,690	15（人）	84.7	7.8	884	798
判定	○	○	○	○	○	○

図表8－2からわかるように，万寿クリニックは財務的には業界平均を上回っている。

問1　**万寿クリニックは，同業平均を大きく上回る収益性を実現させているが，どのような要因に基づくものか。**

万寿クリニックが立地している某地方都市では，高度な検査機器を備えている診療所はほとんど存在せず，T院長のレベルで画像診断ができる医療機関も少ない。

画像診断ニーズに万寿クリニックが応えるうえで重要なのは地域の病院ネットワークとの関係である。通常，診療所の外来患者のほとんどは半径1キロ程度の近隣住民に限られているが，万寿クリニックではエリア外の患者が数多く画像診断をうけている。頼まれれば断れない性格のT院長は，開業以来，地域医療関係者を参加者とする勉強会やセミナーで講師を務め，さまざまな疾病の治療における画像診断の重要性について啓蒙活動を行ってきた。その結果，地域の病院ネットワークのなかで，万寿クリニックの地位は揺るぎないものとなっている。

他の医療機関からの紹介状を持参して来院した患者さんの数の初診患者総数に対する割合を「紹介率」というが，万寿クリニックの画像診断・検査部門の「紹介率」は，一般外来部門の「紹介率」20%を大きく上回り，65%にも達している。万寿クリニックの売上構成は，**図表8－3**のとおりである。

図表8－3　万寿クリニックの売上構成

年間診療売上（2016年度）	一般外来収入	画像検査診断収入
201,985千円	105,032千円	96,953千円
100%	52%	48%

一般的な放射線科・内科医院にくらべ収入が高いのは，高い「紹介率」に支えられた多額の検査・診断収入があるためである。

(2)　万寿クリニックの業務プロセス

膨大な画像診断ニーズに対応するため，万寿クリニックでは効率的な業務フローを確立している。業務フローについて特筆すべきは，クリニック内部での連携とクリニック外部との連携である。

万寿クリニックで，MRI機器とCT機器を操作する検査技師は２名である。両名とも10年以上の勤続経験を有するベテランで，Ｔ院長との連携もうまくとれている。万寿クリニック内部での業務フローは，Ｔ院長と検査技師２名のあうんの呼吸によって全体として効率よく行われている。

また，万寿クリニック外部との連携については，あらかじめ病院ネットワークとのやりとりのプロトコル（標準手順）を定めることで，情報のスムーズなやりとりを実現している。たとえば，病院ネットワークから患者の紹介がある際には，画像診断を要する患者であるかどうか，またどのような検査の必要性が高いか，具体的に情報提供してもらうことになっている。これら情報をもとにＴ院長を中心に万寿クリニックでの画像検査・診断に必要な作業量の平準化をはかり，毎日過不足なく効率的に作業を進められるよう調整する。このような工夫をすることで，万寿クリニックでは，内外のスムーズな連携を実現し，小規模でありながら安定した業務運営が行われている。

また，医療機関の特徴として，離職率が高いという問題がある。また女性が多い職場であることにも経営上の配慮が必要であることが多い。万寿クリニックでは，経理を担当しているＴ院長の妻が，従業員にこまめに声をかけ相談に乗るなどして，和気あいあいとした職場の雰囲気をつくりあげている。また，

図表8－4のような「職務要件書」をもとに，スタッフの公正な評価と処遇を行っている。これら各方面での取組みの結果，従業員の定着率は極めて高い。

図表8－4　万寿クリニックの職務要件書

業種	医療部門							看護部門					事務部門				
要件	①	②	③	④	⑤	⑥	⑦	①	②	③	④	⑤	①	②	③	④	⑤
	医師免許を持っている	患者とのコミュニケーションは良好である	地域の大病院との連携はできている	学会等へは熱心に参加し研鑽を積んでいる	X線・心電図等の検査に習熟している	スタッフの教育に熱心に取り組んでいる	医療リスクへの対応策は講じている	正看護師（准看護師）の免許を持っている	注射・呼吸管理等は適切にできる	医療機器の扱いには慣れている	患者との対話は上手にできる	自身及び後輩の能力向上に取り組んでいる	医院の受付業務は正確で感じが良い	患者の予約管理を正確に行っている	診療費の請求事務は的確である	経理・給与計算が的確にできる	法改正については十分に留意している

問2　**万寿クリニックのビジネスモデルキャンバスを作りなさい。**

答　万寿クリニックのビジネスモデルキャンバスは，**図表8－5**のようにまとめることができる。図表8－5から，キーパートナーである連携医療機関や主要活動の画像検査・診断からキーリソースの「T院長の知名度」と，万寿クリニックの事業構造がT院長に依存したものであることが読み取れる。

図表８－５　万寿クリニックのビジネスモデルキャンバス

(パートナー)	(主要活動)	(価値提供)	(顧客との関係)	(顧客)
連携医療機関	医療の提供	的確な医療の提供による治療	健康回復を目指すパートナー	近隣の住民
製薬会社・問屋 医療機器メーカー・問屋	画像検査・診断	連携医療機関の望む正確な検査・診断	病診連携	紹介状持参の遠隔地から来院する患者
人材派遣会社	(リソース)		(チャネル)	
金融機関	Ｔ院長の知名度		電話予約又は紹介状持参	
	全員の高い技量		患者自ら来院	連携医療機関
	高性能な検査機器（MRI, CT等）			
(コスト（原価）) 給与，薬品等			(レベニュー（収益）) 外来収入，検査収入	

2　医院継続の危機

税理士事務所の担当者であるＫ氏が訪問するのは月１回，平日の午前中である。毎月の訪問の際には，Ｔ院長の妻との打ち合わせが主で，Ｋ氏のほうからＴ院長に会うことは基本的にない。しかし，まれに診察の手が空いた時など，Ｋ氏が作業をしている部屋にＴ院長がやってきて話をすることがある。白髪混じりの髪を後ろで１つに結び，白衣がなければ芸術家のようにも見える風貌のＴ院長は，話をする時は必ず両膝をついて同じ目線で語りかける。こんなところにも相手の目線に立とうとするＴ院長の人柄が出ている。

(1)　突然の事業継続危機

2014年の秋も深くなった頃の月次訪問の時である。Ｔ院長に癌が見つかったという話がＴ院長の妻から税理士事務所のＫ氏にあった。当時，Ｔ院長は63歳になったところであった。担当者にとっては全く予想もしていなかった話である。驚いているＫ氏に，Ｔ院長の妻はごく普通にＴ院長の病気の説明を続けた。Ｔ院長の妻の様子から，病状は軽いのではないかと担当者は思った。

しかし，実は，すでにそのとき病状はかなり進行していて，胃の全摘出が必要な状態であった。T院長の話では，当時は気が張っていて落ち込む余裕もなかったそうである。

幸い手術後約３ヵ月で職場に復帰することができた。復帰当初は，無理を避けるために画像診断システム会社へ読影を外注し，その間は業務量も減少するはずであった。しかし，画像診断システム会社の所見にはT院長として納得できない部分があり，結局，自ら画像を見直し所見を書き直すことが続いた。画像診断システム会社への外注によっても，T院長の業務量は思ったように減少しなかった。結局，画像診断システム会社への外注は１年あまりで中止した。

問３ **顧問税理士事務所の担当者としてK氏は，T院長が術後３カ月（その間は代診の医師で診療は行われていた）で職場復帰したとき，事業承継に関してどのようなアドバイスをしておくべきか。**

答　医院における事業承継で留意すべき事項として，①医師資格，②経営，③財産の承継があることを説明し，万寿クリニックにとって特に留意すべき項目について助言する。**図表８－６**は，その概要をまとめたものである。

図表８－６　医院における事業承継で留意すべき事項

①　医師資格の承継	
②「経営」の承継	イ．パートナー（連携医療機関，仕入先，銀行等）の承継
	ロ．患者（顧客）の承継
	ハ．職員の承継
③「財産」の承継	イ．現金預金の承継
	ロ．不動産（土地，建物），医療機器等の承継
	ハ．借入金等の負債の承継
	ニ．出資持分の承継

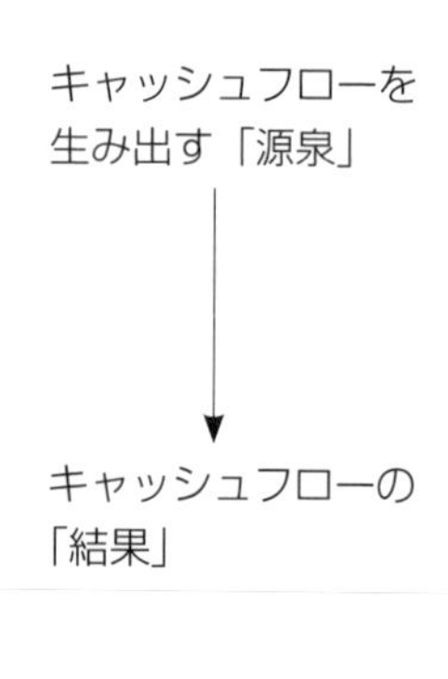

万寿クリニックの場合，①の医師資格の承継については，２人の子供がすでに医師免許を有しているため，実質的に課題は解決されていると考えられる。また，万寿クリニックは医療法人であるので，法人に帰属する財産（③のイ，ロ，ハ）の承継は，③のニの出資持分の承継を行うことで済んでしまう。万寿クリニックの事業承継の中心的課題は，②の経営の承継，つまり，キャッシュフローを生み出す「力」の源泉をいかにして承継させるかだとＫ氏は考えた。

参考 医療法人制度の現状

種　類	総　数	財　団	社　団		
			総　数	持分あり	持分なし
2014年３月末現在数	49,889	391	49,498	41,476	8,022

万寿クリニックは「持分あり」の社団医療法人で，税法上会社と同様の課税を受ける。すなわち，経営が順調であれば出資持分の評価は出資額を大きく超えることになり，また，毎期の利益に対しても一般の税率で法人税が課される。

2014年に医療法の改正があり，2014年４月以降は「持分なし」医療法人以外の社団医療法人の設立は認められなくなった。

2014年３月以前に設立された「持分あり」医療法人は，経過措置として現状のまま存続するか「持分なし」医療法人に移行するかを選択できる。「持分なし」医療法人は法人税や相続税で優遇されるが「所有権を失うことになる」ため，上記のとおり移行は進んでいない。

問４ 事業承継の全体像をアドバイスした後，Ｔ院長から「具体的な対策を立てたいので一度じっくり相談させてほしい」との要請があった。税理士事務所の担当者としてＫ氏はどのような支援を行うべきか。

⑵　事業継続の有無を判断するために

Ｔ院長からの要請を受けてＫ氏は，万寿クリニックの経営陣であるＴ夫妻と膝をつき合わせて相談することにした。

そこでは次のようなやりとりが行われた。

Ｋ氏　今後の経営について気掛かりな点があれば何でも結構ですのでおっしゃってください。勿論，守秘義務は守りますのでご安心ください。

院長　私が今懸念しているのは，以下の５点です。

まず第１点目が，何歳まで働くかです。今の健康状態であれば70歳までは大丈夫と思っていますが……。

第２点目が，連携先との関係を維持するためのリタイアメントのタイミングとバトンタッチの進め方です。画像診断を万寿クリニックで続けるとすると息子にかなりの覚悟をしてもらう必要がありますし，辞めるとすると連携先が困らないように段取りしなければなりません。悩ましいところです。

第３点目が，バトンタッチの時の財務内容がどうなっているか。息子には金の苦労はあまりさせたくないので。

第４点目が，バトンタッチの時に長年苦労をともにしてきた社員に辛い思いをさせないためにどうしたらよいのかという点です。

最後の第５点目が，バトンタッチした後は家内とゆっくり余生を過ごそうと思っていますが，その生活資金をどう確保するかという点です。

Ｋ氏　よくわかりました。事務所としても衆知を結集してよい報告ができるように頑張ります。次に奥様よろしくお願いします。

奥様　私は長年経理を担当してきましたので，資金に関する以下の４点が大変気になります。

まず第１点目が，医療機器の更新をどうするかです。2020年にMRI等の機器の更新期を迎えますが，リース更新するか否かで迷っています。新たにリース契約すると年間約2,900万円を６年間払い続けることになりますが，新たなMRI等を導入しない場合リース料はなくなりますが検査収入が

66％約6,400万円減少してしまいます。

第２点目が，主人が出資した2,790万円の出資金が直前期末の総資産額１億6,800万円近くにまでなって，長男が出資金を引き継ぐのが大変です。何かよい方法はないものかと考えあぐねています。

第３点目が，主人が退職するときの退職金がいくらくらいになるのかです。退職金に必要な額をどう確保するかにも悩んでいます。

最後の第４点目は主人と同じですが，老後の生活資金をどう確保するかを考えています。退職しても主人は医者仲間とのおつき合いもありますので，２人で手取り年800万円位が必要と思っています。

Ｋ氏　院長のお考えのリタイアメントの時期と機器の更新の時期がたまたま合致しましたので，今日２人がおっしゃった問題点は以下の４点を検討することで見通しをつけることができるかと思います。

まず第１点目が，現状のまま推移した場合の2020年末の財政状態を予想することです。

第２点目が，2021年以降の５年間の損益予測を，①MRI等を新たに導入する場合と②リースの新規契約を中止する場合に分けて行うことです。

第３点目が，院長がリタイアすると仮定した場合に院長と直結する①退職金の額とその支払い財源，②リタイア以後の生活資金の確保の方法，③出資金評価額の引下げ案についてです。これらについては報告書の作成してわかりやすく説明させていただきます。

第４点目が，従業員の方の雇用継続等についてです。こちらについても検討報告書を作成するようにしたいと思います。これらを準備して，１ヵ月後にご報告の機会をいただくことでよいでしょうか。

お二方　よろしくお願いします。事業承継のような難しい悩みを相談できる税理士事務所にご縁があって私達は幸運です。

１ヵ月後に税理士事務所からは，以下の４つの報告書がＴ院長夫妻に届けられ，Ｋ氏からＴ院長夫妻に説明が行われた。

報告書１　「2020年度末の財政状態の予測」
報告書２　「2021年度以降５年間のシナリオ別損益予測」
報告書３　院長と直結した課題（退職金・出資金・生活資金等）について
報告書４　職員の雇用の継続について

3　2020年度末の財政状態予測

報告書１は2016年度末の時点から2020年度末の財政状態を予測したものである。まず，事業継承の長期プランとして，医療機器のリース契約期間が終了する2020年度末で院長がリタイアすることを明確に示している。

付表１は，財政状態予測の根拠となる2017年からの４年間の損益予測である。付表１の備考欄には，予測を行ううえでの仮定や条件が記されている。これらはＴ院長夫妻からのヒアリングに基づいて導出されたものである。検査収入については，Ｔ院長の年齢を考慮して毎年２％減少していくと仮定している。給料手当については，人手不足の状況を加味して毎年100万円程度の増額を見込んでいる。また，借入金は毎年２千万円返済する予定を反映している。

付表２は，同じ期間のキャッシュフロー予測である。付表１の想定に基づけば，ネットキャッシュフローが毎年減少していくことを付表２は示している。これは，もっぱら検査収入の減少と給料手当の増額分の影響である。

報告書１の予測によれば，2020年度末時点で資本は約２億4,000万円である。借入金残高は約7,000万円で，償還年数は3.2年，現預金残高は約5,100万円あまりとなる。これらの数値が事業継承を検討する上での前提であることをＫ氏はＴ院長夫妻に説明した。

報告書１　「2020年度末の財政状態の予測」

(1)　事業継承の長期プラン

	実績	予	測						
年　　度	2016	2017	2018	2019	2020	2021	2022	2023	2024	2025
T院長年齢	66	67	68	69	(70)	(71)	(72)	(73)	(74)	(75)

↓

（既存のリース契約期間）＋院長リタイアメント

----→

(2)　2020 年度末の万寿クリニックの財政状態の予測

（単位：千円）

科　　目	金　額	科　　目	金　額
現金預金	50,937	買掛金	3,773
医業未収金	26,000	未払法人税等	8,957
医業在庫品	1,600	その他流動負債	2,145
その他流動資産	316	（流動負債合計）	(14,875)
（流動資産合計）	(78,853)	長期借入金	70,936
有形固定資産	241,618	（固定負債合計）	(70,936)
（うち，土地）	(166,949)	（負債合計）	(85,811)
無形固定資産	138	資本金	27,900
投資等	5,039	利益剰余金	211,937
（固定資産合計）	(246,795)	（資本合計）	(239,837)
資産合計	325,648	負債資本合計	325,648

項目＼年度	(1)　2016年	(2)　2020年	(3)＝(2)－(1)
自己資本比率	50.3%	73.6%	23.3%
借入金残高	150,936千円	70,936千円	－80,000千円
現預金残高	34,310	50,937	16,627
債務償還年数（注）	5.5年	3.2年	－2.3年

（注）　借入金÷（当期純利益＋減価償却費）

（付表１） 2017 年以降４年間の損益の予測

（単位：千円）

損益項目 ＼ 年度		（実績）2016	2017	2018	2019	2020	備　　考
売上	検査収入	96,953	95,014	93,114	91,252	89,426	年率２％の減少
	一般外来収入	105,032	105,032	105,032	105,032	105,032	同額で推移
合　計		201,985	200,046	198,146	196,284	194,458	
変　動　費		15,699	15,603	15,455	15,310	15,167	
（限界利益）		(186,286)	(184,443)	(182,691)	(180,974)	(179,291)	
販売費及び一般管理費	役員報酬	40,500	40,500	40,500	40,500	40,500	
	給料手当	39,900	40,000	41,000	42,000	43,000	毎年100万円前後の増額
	リース料	34,240	34,240	34,240	34,240	34,240	
	減価償却費	5,930	5,930	5,930	5,930	5,930	
	その他	38,216	38,000	38,000	38,000	38,000	
合　計		158,786	158,670	159,670	160,670	161,670	
（営業利益）		(27,500)	(25,773)	(23,021)	(20,304)	(17,621)	
営業外収益		7,653	7,600	7,600	7,600	7,600	
営業外費用		3,185	2,763	2,341	1,919	1,497	毎年借入金２千万円返済
（経常利益）		(31,968)	(30,610)	(28,280)	(25,985)	(23,724)	
法人税等		10,778	10,320	9,540	8,770	8,020	
（当期純利益）		(21,190)	(20,290)	(18,740)	(17,215)	(15,704)	

（付表２） 2017 年以降４年間のキャッシュフローの予測

（単位：千円）

項目 ＼ 年度	2017	2018	2019	2020
当期純利益	20,290	18,740	17,213	15,704
減価償却費	5,930	5,930	5,930	5,930
運転資本の増減	240	240	240	240
（営業CF）	(26,460)	(24,910)	(23,383)	(21,874)
（財務CF［借入返済］）	(△20,000)	(△20,000)	(△20,000)	(△20,000)
（ネットCF）	(6,460)	(4,910)	(3,383)	(1,874)

4　シナリオ別予測

報告書２は，2021年に院長がリタイアし長男が引き継いだとして，それ以降の経営がどうなるかを予測したものである。Ｔ院長夫妻との話し合いから，画像診断を継続するかどうかの判断材料が必要であるとＫ氏は考えていた。画像診断を継続するためには，リース契約を更新する必要がある。その場合には，検査収入は維持できるが，リース料の負担が発生する。画像診断を止めるならば，リース料負担はなくなるが検査収入を失うことになる。このプラスマイナスがトータルでどのような影響を持つのかを報告書２は示している。

イ案はMRI等の機器は更新せず一般外来のみで万寿クリニックを運営するシナリオである。備考欄には，予測の前提となる条件や仮定が記されている。前述のように，リース料は不要であるが，画像診断を継続しないわけであるから，検査収入は失われるというシナリオである。

画像診断のぶんだけ新院長の負担は小さくなることを考え，役員報酬は現状から大きく減額し2,000万円に設定している。また，画像診断機器を操作する検査技師や関連業務の縮小から看護師も退職すると想定したシナリオとなっている。

ロ案は，MRI等の機器をリース契約により更新し，画像診断を継続するシナリオである。Ｔ院長個人の知名度に依存してきた万寿クリニックであるから，画像診断を継続したとしても，院長交代後しばらくは紹介件数などが減少することを想定し，検査収入は１割減，一般外来収入も５％減少すると仮定している。また，役員報酬については，年齢的なことも考慮し3,000万円としたシナリオとなっている。

イ案とロ案の２つのシナリオについては，Ｔ院長夫妻と後継者である長男がしっかり内容を理解し検討すべきである。付表１は，万寿クリニックの基本理念やＴ院長夫妻の価値観も考慮しつつ，財務的な観点も含めてイ案とロ案の優劣を示した星取り表である。付表１からわかるように，地域住民への貢献や雇用の維持といった観点からも，収益性や返済能力といった財務的な観点からも画像診断サービスを継続するロ案がすぐれている。ただし，画像診断の継続は後継者である長男に大きな負担をかけることでもある。シナリオ別予測は，あくまで当事者が判断するための材料である。

報告書2 2021年以降のシナリオ別予測

イ．MRI等の機器は更新せず一般外来のみで運営するシナリオ

（単位：千円）

損益項目 ＼ 年度		2021	2022	2023	2024	2025	備　考
売上	検査収入	0	0	0	0	0	なくなる
	一般外来収入	105,032	105,032	105,032	105,032	105,032	2020年と同水準とする
	合　計	105,032	105,032	105,032	105,032	105,032	
変動費		10,503	10,503	10,503	10,503	10,503	売上の10%と見積る
(限界利益)		(94,529)	(94,529)	(94,529)	(94,529)	(94,529)	
販売費及び一般管理費	役員報酬	20,000	20,000	20,000	20,000	20,000	半減させる
	給料手当	30,000	30,000	30,000	30,000	30,000	検査技師2名，看護師2名退職へ
	リース料	0	0	0	0	0	なくなる
	減価償却費	4,700	4,700	4,700	4,700	4,700	2020年の8割程度となる
	その他	38,000	38,000	38,000	38,000	38,000	2020年と同水準とする
	合　計	92,700	92,700	92,700	92,700	92,700	
(営業利益)		(1,829)	(1,829)	(1,829)	(1,829)	(1,829)	
営業外収益		3,800	3,800	3,800	3,800	3,800	半減すると予測
営業外費用		1,370	1,243	1,116	989	862	毎年元金600万円返済
(経常利益)		(4,259)	(4,386)	(4,513)	(4,640)	(4,767)	
法人税等		1,503	1,545	1,587	1,630	1,672	
(当期純利益)		(2,756)	(2,841)	(2,926)	(3,010)	(3,095)	

ロ．MRI 等の機器をリース契約により更新するシナリオ

（単位：千円）

損益項目＼年度		2021	2022	2023	2024	2025	備　　考
売上	検査収入	80,483	80,483	80,483	80,483	80,483	2020年の1割減
	一般外来収入	99,780	99,780	99,780	99,780	99,780	2020年の5％減
合　計		180,263	180,263	180,263	180,263	180,263	
変動費		18,026	18,026	18,026	18,026	18,026	売上の10%と見積る
（限界利益）		(162,237)	(162,237)	(162,237)	(162,237)	(162,237)	
販売費及び一般管理費	役員報酬	30,000	30,000	30,000	30,000	30,000	1,050万円減額する
	給料手当	43,000	43,000	43,000	43,000	43,000	2020年と同額
	リース料	29,000	29,000	29,000	29,000	29,000	
	減価償却費	4,700	4,700	4,700	4,700	4,700	2020年の8割程度
	その他	38,000	38,000	38,000	38,000	38,000	2020年と同水準
合　計		144,700	144,700	144,700	144,700	144,700	
（営業利益）		(17,537)	(17,537)	(17,537)	(17,537)	(17,537)	
営業外収益		5,320	5,320	5,320	5,320	5,320	2020年の7割程度と予測
営業外費用		1,330	1,160	990	820	650	毎年元金800万円の返済
（経常利益）		(21,527)	(21,697)	(21,867)	(22,037)	(22,207)	
法人税等		7,270	7,327	7,383	7,440	7,497	
（当期純利益）		(14,257)	(14,370)	(14,484)	(14,597)	(14,710)	

（付表1）更新しないシナリオ（イ案）と更新するシナリオ（ロ案）の比較

判定するポイント	判定	
	イ案が有利	ロ案が有利
① 地域に対する充実した医療サービスの提供		○
② 収益性（営業CFの多さで判定）		○
③ 銀行借入金の早期の返済		○
④ 雇用の維持		○
⑤ 役員報酬の額		○

5　T院長の退職金や生活資金の確保等について

報告書３は，2020年度末にT院長がリタイアした場合に，T院長の退職金や生活資金の確保，出資金評価額の引下げ案，についてまとめたものである。

報告書３では，まずT院長の退職金について説明している。そこでは，代表的な退職金算定方法を示した上で，T院長の場合に実際に退職金額がどの程度になるか試算している。試算によればT院長の退職金は１億8,000万円である。

退職金の試算に続いて，万寿クリニックとして退職金をどのように支払うことができるのか，税務上の観点も考慮した方法を報告書３では提案している。現金と不動産（土地）とを組み合わせて支払う方法が報告書３では提案されている。この提案の背景には，T院長夫妻の考え方がある。

生活資金については，上記の不動産を退職金として支払うことと連動した提案が報告書３では行われている。退職後のT院長夫妻は，土地の所有者として万寿クリニックから地代を受け取ることができるというのが骨子である。

出資金評価額の引下げ方法については，退職金の支払いと連動する形で引き下げられることを報告書３では説明している。あわせて，後継者である長男が出資金を買い取る手順や，そこで発生する譲渡所得に対する課税についても報告書３では説明している。

報告書３　**T院長の退職に係るT院長に直結した課題**

(1)　T院長の退職金について

イ　退職金の額の試算

企業の役員の退職金の額は，通常以下の等式で算定されることが多い。

退職金の額＝退職時の月額報酬×役員としての在職年数×貢献倍率

貢献倍率は，代表者の場合「３倍」前後である。

T院長の 2020 年末の月額報酬は 300 万円 在任期間は 2000 年から 2020 年までの 20 年間 貢献倍率は３である。	300（万円）× 20（年）× ３倍より １億 8,000 万円と算出される。

ロ　退職金の支払い方法

金銭での支払いが原則であるが，現物（不動産等）での支払いも可能である。

手持ち資金が5,000万円強であるので，銀行借入を行って全額を金銭で支払うことも考えられるが，3,000万円を金銭で支払い残りの1億5,000万円相当額を現物で支払う案が，T院長の借入れを増やしたくないとの意向に沿うことになる。

なお，譲渡する土地は銀行借入の担保に入っていると思われるが，借入から預金を差し引いた実質借入の額は年間キャッシュフローの金額とほぼ同額であるので土地に設定されている銀行の抵当権を話合いで抹消することは十分可能と思われる。また，土地の譲渡については，譲渡益に対して課税が行われるが，今回のケースでは，譲渡価額（時価）が取得価額を下回っているので課税はされない。

(2) 生活資金の確保について

T院長は土地の所有者として万寿クリニックから地代を受け取ることができる。地代の相当額は時価（1億5,000万円）の6％前後とされているので年額で900万円の地代収入となる。この金額で奥様がいわれていた年間生活資金の額800万円はほぼ全額カバーできる。

(3) 出資金の評価の引下げ策

退職金の支払いは「損金経理」されるので純資産を引き下げる効果がある。2020年度末の純資産額から退職金1億8,000万円を差し引くと出資金の評価額は5,984万円前後となる。T院長の後継者（長男）が銀行から6,000万円を借り入れて出資金のすべてを買い取るようにする。後継院長の年棒（2,000万円前後と考えられる）から考えて銀行からの借入れは十分可能である。なお，出資金を譲渡するT院長には譲渡所得3,194万円（5,984万円－2,790万円）が発生する。しかし，譲渡所得に対する課税は税率20％の分離課税であるので，納付する税額は約640万円（3,194万円×0.2）前後で済む。

6　雇用の継続について

報告書4は，雇用の継続について画像診断を中止する場合に生じる問題を説明したものである。画像診断が継続されるならば，職員の雇用は継続されることになる。実のところ，K氏は後継者である長男が画像診断を継続することが望ましいと考えてはいたのだが，そうではない場合を考慮して報告書4は作成された。

画像診断が中止される場合，万寿クリニックの規模は小さくならざるを得ない。そのため職員には退職してもらう必要があるが，財務的には退職金をどう手当するか，法的には解雇の要件を満たしているかどうかを報告書4では説明している。幸い，退職金の支払いについても，解雇の要件についても，万寿クリニックは問題ない状況であることが報告書4では示されている。

報告書4　職員の雇用の継続について

(1) 職員の退職金の支払いについて

万寿クリニックはMRI等の機器を新たに導入しない場合，収益性が大きく落ち込み，従業員の雇用の継続が困難になることが予想される。

この場合，退職する従業員に対して多くの場合退職金が企業から支払われるが，万寿クリニックの場合「中小企業退職金共済」に加入し1人当たり月額8,000円の共済金を掛け続けてきたため，中退共本部から直接本人に200万円前後の退職金が支払われることになる。したがって，従業員の退職に際して，万寿クリニックが必要資金を捻出する必要はない。

(2) 解雇の要件について

解雇は従業員の生計を極めて不安定にしてしまうので，以下の4つの条件のすべてを満たさない限り無効とされる。

4つの条件	万寿クリニックの実情等	要件に該当するや否や	
		該当	非該当
人員整理の必要性	人員整理をしないと赤字に陥り，企業自体の存続が危うくなる。	○	
解雇回避の努力がなされること	役員報酬を大幅ダウンさせるなどコストカットの努力を行っている。	○	
人選について合理性があること	事業を廃止する検査部門の要員を解雇の対象としている。	○	
手続の相当性	客観的資料をもとに，解雇について丁寧に説明した。	○	

7　事業承継に向けて

K氏から，４つの報告書による説明を受けたことでT院長夫妻と後継者である長男の考え方はきれいに整理された。最終的に，次のような方針で事業承継を進めることが決まった。

万寿クリニックは事業承継後も画像診断を継続し，そのためにMRI等の診断機器をリース契約によって更新する。事業承継時期は2020年として，その準備を行っていく。院長の退職金金額は１億8,000万円とし，１億5,000万円分を現物（法人の土地）で行い，残りの3,000万円相当分の現金払いとする。院長が取得した不動産は，医療法人に賃貸する。これにより，T院長夫妻は退職後も安定した生活資金を得ることができる。

T院長夫妻が気にしていたT院長の出資金評価額であるが，院長への退職金の支払いにより大幅に減額される見通しがついたことも安心材料であった。後継者の長男が，銀行借入によって出資金を買い取る段取りも明確となった。T院長の癌が発見されてから不安が続いた万寿クリニックであったが，このように事業承継計画を作ることで長男へのバトンタッチが順調に進みそうである。

8　本章の実務ポイント：親族内の事業承継の進め方

万寿クリニックは，医業という専門性の高い業種での親族内の事業承継を家族が力を合わせることによって成功裡に終えることができそうである。

以下では，一般企業の立場から，親族内の事業承継を円滑に進めるための各種の方策と関連した諸制度について学ぶ。

(1) 親族内承継における課題と解決手段

親族内承継における具体的な課題としては，次のようなものが多い。

1	オーナーである自分が引退した後の経営の収益性が低下しないか。
2	適正な額の退職金を得て退職後の生活を安定させたいが確実に受給できるか。
3	自分が負っている連帯保証（又は借入金）を子供たちに相続させたくないのだが……。
4	財産の大部分が土地でうまく分割できないので，相続が「争族」にならないか心配だ。
5	財産の大部分を分割が難しい「自社株」が占めている。上記4と同じ事を心配している。
6	株価が高く，後継者が相続税を払えるか心配だ。
7	株が親族内で分散している。後継者に株を集中させたいのだが……。
8	子供が複数いて，そのうちの1人が後継者になるので，他の兄弟等が不満を抱くのでは。
9	財産のほとんどが自社への貸付金。このままだとお金はないのに相続税は課税される。
10	株式名義を自分が元気なうちに後継者に移しておきたい。

これらの課題の解決手段としては，次のようなものが考えられる。

①	経営計画（事業承継計画，経営革新計画）	⑥	民法の特例（除外合意，固定合意）
②	贈与	⑦	自社株買い
③	納税猶予・免除	⑧	従業員持株会
④	生命保険	⑨	遺言
⑤	種類株式		

なお，難しい問題に対応した解決手段としては，複数考えられるが，その組み合わせを示せば以下のとおりとなる。

課題＼解決手段		①経営計画	②贈与	③納税猶予・免除	④生命保険	⑤種類株式	⑥民法の特例	⑦自社株買い	⑧従業員持株会	⑨遺言
1	自社の安定した経営の維持	✓				✓			✓	
2	役員退職金の支払い	✓			✓					
3	連帯保証・借入返済の軽減		✓		✓					
4	土地所有者の円満な相続	✓	✓					✓		✓
5	自社株のみの場合の円満な相続	✓		✓	✓		✓	✓		✓
6	相続税の支払い	✓	✓	✓	✓			✓	✓	
7	分散している株式の集中					✓		✓	✓	
8	複数の相続人間の円満な相続		✓		✓		✓	✓		✓
9	自社貸付金の回収				✓					
10	生前における株式の移転		✓	✓		✓	✓			

(2) 解決手段活用の事例

① 経営計画の策定

ⓐ 事業承継計画

納税猶予・免除の優遇措置を希望する場合は「特例承継計画」の提出が必要となる。

事業承継計画を先代と後継者で作成することによって，事業承継を真剣に考えるきっかけになり，また，後継者が経営について学ぶことにもなる。代表者交代，退職金の支給，自社株の贈与，および遺言の作成等について内容や時期（年度）を明確化する。

ⓑ 経営革新計画

事業承継は経営者交代を機に事業を一段と発展させる絶好の機会である。先代と後継者が共に推進者となって新規事業に取り組み，経営改善を実現させる。

その結果，後継者の保証債務の引継ぎが銀行交渉との結果軽減される可能性も高まり，また，企業の魅力度も向上するので，後継者の事業承継への意欲もより高まる。「事業承継補助金」の受給の可能性も高まる。

② **贈与**

ⓐ **暦年贈与**

贈与税の基礎控除110万円以下の贈与であれば，贈与税の負担なく贈与ができる。

（参考）贈与税の速算表

一般贈与			特例贈与（直系尊属から20歳以上の者への贈与）		
基礎控除及び配偶者控除後の課税価格	税率（%）	控除額（万円）	基礎控除及び配偶者控除後の課税価格	税率（%）	控除額（万円）
200万円以下	10	－	200万円以下	10	－
300万円以下	15	10	400万円以下	15	10
400万円以下	20	25	600万円以下	20	30
600万円以下	30	65	1,000万円以下	30	90
1,000万円以下	40	125	1,500万円以下	40	190
1,500万円以下	45	175	3,000万円以下	45	265
3,000万円以下	50	250	4,500万円以下	50	415
3,000万円超	55	400	4,500万円超	55	640

ⓑ **直系尊属からの住宅取得資金の贈与**

以下の金額が贈与税の非課税とされる。

取得等の契約日	省エネ等住宅	左記以外
2019/ 4 ～2020/ 3	3,000万円	2,500万円
2020/ 4 ～2021/ 3	1,500万円	1,000万円
2021/ 4 ～2022/ 3	1,200万円	700万円

ⓒ　**夫婦間の居住用不動産の贈与**

婚姻期間20年以上の夫婦間で居住用の不動産またはその購入資金を贈与し，かつその不動産に居住する見込みであるときは，基礎控除のほかに2,000万円までの控除を受けることができる。

ⓓ　**相続時精算課税制度**

受贈者の選択により一般の贈与に代えて「相続時精算課税制度」を選択できる。

- 相続時精算課税を選択できるのは（年齢は贈与の年の1月1日現在のもの），贈与者が60歳以上の父母または祖父母であり，受贈者が20歳以上かつ贈与者の推定相続人である子または孫に該当する場合。
- 贈与税は特別控除により累積で2,500万円までは課税されない。
- 贈与税が2,500万円を超えた場合，その超えた部分については一律20％の贈与税が課税される。
- 贈与財産の価格は，贈与者について相続発生時に，相続財産の価格に合算され，相続税において清算される（贈与時に贈与税を納付していた場合，納付すべき相続税額から控除される）。

ただし，いったん相続時精算課税制度を選択すると，その後同一の贈与者からの贈与については同制度が強制適用され，暦年課税制度によることができないため，注意すべきである。また，贈与者の相続時には，贈与財産の贈与時の価格が相続財産に合算されるため，贈与財産の価格が相続時に上昇した場合には有利に，下落した場合には不利に働く。したがって，暦年課税制度と相続時精算課税制度のいずれによるかは，贈与が可能な期間や所有財産の価格の動向を勘案して慎重に選択する必要がある。

③　**納税猶予・免除**

ⓐ　**一般措置と特別措置**

贈与税および相続税の納税猶予・免除については，事業承継を後押しするため2018年に特例措置（2027年末までの贈与・相続に適用できる）が設けられた。特例措置を受けるには「特例承認計画」を2023年3月31日までに提出しなければならないが，対象となる株式数が3分の2までが全株式に，雇用の維持の条件が事実上外されるなどとされたため，利用の拡大が見込まれる。

ⓑ **贈与税の納税猶予・免除**

（適用を受けるための要件）

会社は中小企業者であり，後継者の条件は会社の代表者で役員就任から３年以上経過していて20歳以上で，自身と特別の関係がある者で総議決権の過半数を有していて，贈与の時は代表を退いていること。

（納税猶予・免除の流れ）

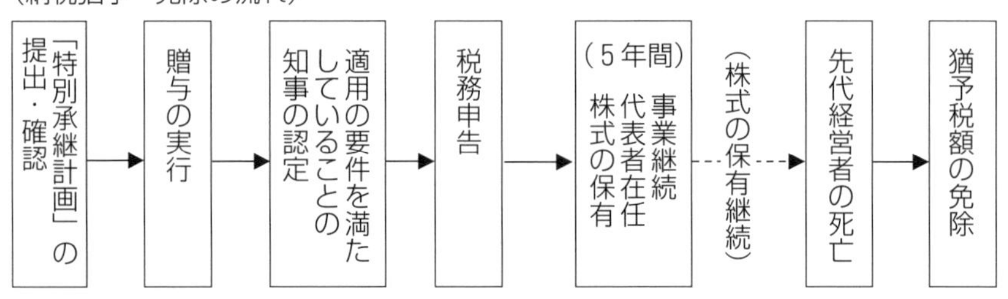

ⓒ **相続税の納税猶予・免除**

（適用を受けるための要件）

会社は中小企業者であり，後継者の条件は，相続開始直前に役員で相続開始の翌日から５ヵ月以内に代表者になり，自身と特別な関係がある者で総議決権の過半数を有していること。先代経営者は会社の代表者であって，相続の直前に自身と特別の関係がある者で過半数の株式を所有していたこと。

（納税猶予・免除の流れ）

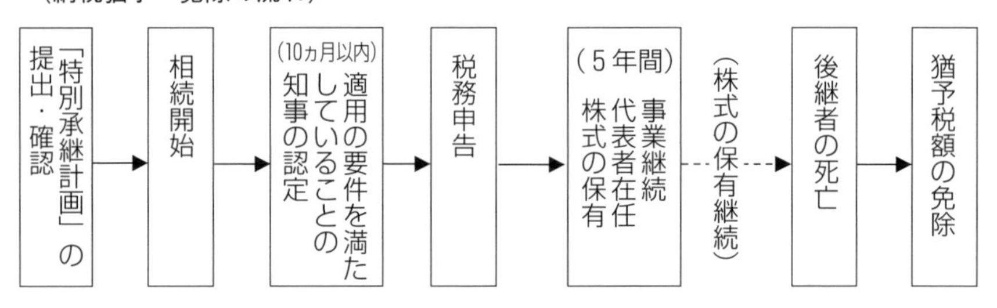

④ **生命保険の活用**

事業承継において生命保険が活用される局面は多い。本年の保険に関する税制改正内容も含めて，次の第９章の実務のポイントにおいて詳述する。

⑤　種類株式

会社法では，以下の９種類の種類株式を規定している。

	種類株式の名称	内　容	ポイント
議決権関連	議決権制限	総会での議決権を有しない株式	•種類株式を発行するためには定款に記載することが必要である。 •種類株式の種類を組み合わせることも可能である。 •例えば，配当については優先しているが議決権を有しない株式等
	役員選任	株式の保有割合で役員数を選任できる株式	
	拒否権付	総会，取締役会で拒否権を行使できる株式	
株式の譲渡関連	譲渡制限	株式の譲渡について承認を要する株式	
	取得請求権付	株主から会社に買い取るよう請求できる株式	
	取得条項付	会社が株主に対して買取りを請求できる株式	
	全部取得条項付	会社が全部の株式を取得できる株式	
経済的側面	剰余金配当	配当について優先または劣後する株式	
	残余財産分配	残余財産について優先または劣後する株式	

事業承継での種類株式の活用例として，次の例があげられる。

ⓐ　父の所有割合60%，後継者の所有割合40%のときに，父の所有株を議決権制限（無議決）株式に変更する。その後，父の株式を従業員持株会に売却する。これで子は100%の支配権を維持でき相続税の支払いも不要となる。

ⓑ　従業員持株会の所有株式を取得条項付株式にし，退職時に配当還元価値で会社が買い取ることにしておくと，株式の所有の分散が防止できる。

ⓒ　オーナーは，１株の拒否権付株式（黄金株）を持ち続けることで会社の経営の基本をコントロールできる。

⑥　民法の特例（除外合意・固定合意）

民法は，相続人（兄弟姉妹を除く）の生活安定のため遺留分を定めている。

しかし，推定相続人全員の合意で同族会社株式を遺留分対象の財産から除外することができる。

このことによって，株式の分散，経営権の後継者へ集中が実現できる。

固定合意とは，自社株式を除外することはしないものの，相続発生時の時価ではなく，それ以前の推定相続人全員で合意した金額を相続時の時価とすること。相続前３年以内の贈与は相続税計算に含まれる。３年前に先代から贈与された当時の自社株の評価は2,000万円であったが，後継者の努力で３年後の相続時に5,000万円に上昇していても，2,000万円で遺留分を算定する趣旨である。

⑦　自己株式取得

株式会社は，株主総会決議により自己株式を取得できるが，その他に以下の場合にも取得できる。

①　株式相続人等への売渡請求に基づく取得。
②　取得条項付株式，取得請求権付株式，全部取得条項付株式等の種類株式の取得。

自己株式取得は，売却した株主に金銭を交付することを意味する。株主が資金を要する場合に有力な資金調達法である。

なお，自己株式取得には財源規制がある。具体例は，次のとおりである。

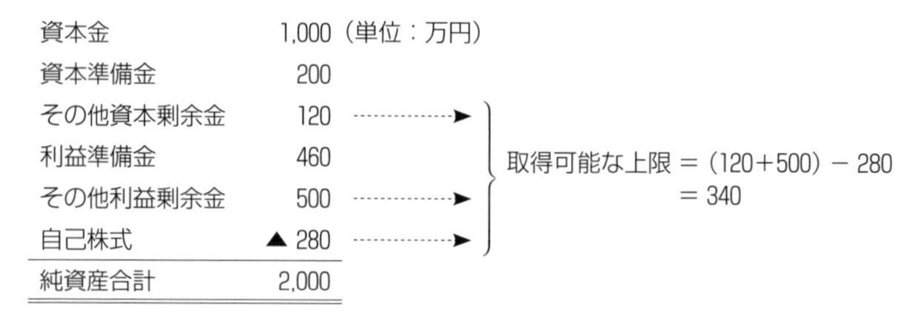

⑧　従業員持株会

従業員持株会とは，従業員が自社株式を共同で持つことを目的とした組織で，民法上の組合と考えられる。したがって，個々の従業員が個別に議決権を有するのではなく組合として行使する。

社員の中から持株会の代表者を決め，ⓐ株式の供給方法（オーナーの株の譲渡か，増資か），ⓑ株式の取得価格，ⓒ奨励金の有無，ⓓ持株会の株式保有割合につき会社と契約する。

オーナーが所有する自社の株式を従業員持株会へ譲渡する価額は，通常の純資産価額より低い配当還元価額が認められている。

なお，従業員持株会に譲渡する株式は，無議決権株式とする例が多い。

また，社員が退社する場合に株式が分散しないように，取得条項付株式にしておく必要がある。

⑨ 遺言による「争族」の防止

遺言の方式としては，以下のものがあり，それぞれ長所・短所がある。

	自筆証書遺言	公正証書遺言	秘密証書遺言
作成方法	遺言者が全文・日付・氏名を自署し，押印する。	公証人が遺言者が口述した内容を筆記し，遺言者，立会人および公証人が署名押印する。	遺言者が遺言書に署名して押印し封印する。遺言者が公証人および証人の前で自分の遺言書である旨を申述し，公証人，立会人で封印する。
長所	簡単に作成できる。 秘密が保持できる。	紛失や改ざんの心配がない。 「検認」の手続は不要。	改ざんの心配がない。 秘密が保たれる。
短所	紛失や改ざんの心配がある。 「検認」の手続が必要。	費用がかかる。 秘密の保持ができない。	手続が面倒。
備考	（注）2019年７月から下記（注）のような改正法が施行されている。	—	—

（注）遺言書の別紙としての「財産目録（パソコンでの作成，本人以外での作成も可能）」添付し，財産目録の各頁に署名押印できるようになった。また，自筆証書遺言を法務局に保管してもらうこともできるようになった。この場合は「検認」手続が不要となった。

なお，遺言書を書くべきケースとして，次の場合があげられる。

①　子がなく配偶者と兄弟姉妹が相続人のとき（遺留分のない兄弟姉妹に相続させることができる）。
②　相続権のない孫や兄弟姉妹に遺産を与えたいとき。
③　お世話になった親族以外の人に遺産を与えたいとき。
④　内縁の妻に遺産を与えたいとき。
⑤　自社株式について相続税の納税猶予・免除を受けるとき。
（知事への提出書類に遺言書等の添付が必要。）
⑥　2020年4月1日以降の相続から「配偶者居住権」が認められることとなった。自宅の持主である夫が亡くなった場合，残った配偶者が自宅に住み続ける権利（配偶者居住権）は，遺言で遺贈するか相続人同士が遺産分割協議で決めることにより設定される。

（参考文献）福崎剛志他『オーナー社長の自社株対策』すばる舎，2016年
中小企業庁『事業承継ガイドライン』2016年
日本弁護士連合会『事業承継法務のすべて』きんざい，2018年

第9章 経営者の突然の逝去に対応したダメージコントロール
―造園業の事例―

第8章で紹介した診療所のケースのように，事業承継は，経営者が元気なうちに準備をすすめておくことが基本となる。そのためにも，事業継続計画（Business Continuity Plan：BCP）の作成を税理士事務所は経営者に勧めるべきである。「備えあれば憂いなし」で，事業継続計画を策定しておくことで突然の事故や災害にも臨機応変に対応し，事業の継続を図ることができる[1]。

しかし，現実には，そのような承継の準備や事業継続計画を作成していない企業がほとんどである。本章では，経営者の突然の逝去によって危機に陥った企業の再生を税理士事務所がどのように支援できるか，造園業を営むA緑地建設の事例を通じて学ぶ。

1　A緑地建設の概要

A緑地建設は，現社長の義理の父親が1946年に創業し，1973年に法人成りした造園会社である。初代社長の卓越した造園技術を武器に，比較的規模の大きな庭園の工事を得意としてきた。A緑地建設の要員は，社長，役員である社長の妻および現場担当と営業担当各2名の合計6名である。

造園工事業の事業内容は，住宅の庭園造りや公共施設である公園の築造，庭園や公園の植木の植樹や剪定等の維持管理業務であるが，近年は，住宅の庭のスペースも狭くなってきており，また，公共工事の予算も縮小傾向にあるところから，全国の造園工事業全体の売上は**図表9－1**のように減少傾向にある。

図表９－１　全国の造園工事等の売上高

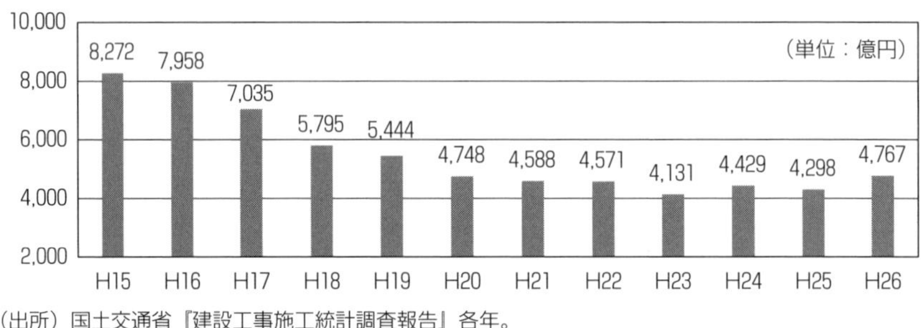

（出所）国土交通省『建設工事施工統計調査報告』各年。

1986年に初代の長男がＡ緑地建設の２代目を継いだが，2000年頃から本格的な庭園工事の受注は減少し，売上の90パーセントは樹木の剪定・伐採といった維持管理業務へと変わっていき，売上額は年々低下するようになった。

技術力を必要とする造園工事に比べて，樹木の剪定・伐採は単価が低い。しかも，剪定・伐採といった維持管理業務からの売上の過半は，官公庁からのものであった。

官公庁からの維持管理業務の仕事は年間管理契約が基本である。このような契約では，売上は年間管理期間が終了した後に次年度始めの４月にまとめて入金されることになる。当然のことであるが，売上が入金されるまでの間も，人件費や管理業務にかかるさまざまな経費が発生していく。そのため，資金繰りを計画的に管理することが重要となる。

問１　**官公庁からの業務が増大するなかで，顧問税理士事務所の担当者Ｂはどのような点を経営者にアドバイスすべきか？**

答　顧問税理士事務所の担当者としてアドバイスすべき点は，以下の３点である。

① 売上債権（売掛金）の増加に見合う金額を銀行借入ではなく，買掛債務を増加させること（支払手形の発行等）で対応できないかを検討するようアドバイスする。

② 上記①の対応が難しい場合，銀行借入で対応する以外に方法はないが，銀行が追加融資に同意するためには，元利返済が約定通り行われ，履行遅滞が生じない

ことが前提となる。このことを文書で明らかにする「経営計画書」作りを支援する。

③ 借入交渉にあたって，追加保証を差し入れるのではなくABL（動産・債権担保融資）にしてもらうよう交渉すべきこと。売掛先が公的機関であり，先数も1カ所であるので，回収可能性，管理の容易性ともに問題ないので，ABLは十分可能と思われる。

A緑地建設の資金繰り対策はうまく進めることができたが，図表9－1の全国造園工事売上高推移から明らかなように，業界全体の需要の落ち込みが競争を激化させ，A緑地の損益状況は**図表9－2**のように年々悪化していった。

図表9－2 A緑地建設における業績の推移

（単位：千円）

年度	売　上			限界利益		固定費			経常利益
	年額	平均受注単価	件数	年額	利益率（%）	原　価固定費	販管費	支払利息	
2012/4～2013/3	64,452	421	153	35,449	55.0	15,119	14,900	834	4,596
2013/4～2014/3	58,007	387	150	31,323	54.0	13,777	14,200	489	2,857
2014/4～2015/3	54,257	373	146	29,008	53.5	12,449	14,500	852	1,207
2015/4～2016/3	52,346	370	142	26,696	51.0	12,232	13,206	864	394
2016/4～2017/3	49,864	360	139	25,207	50.6	11,399	12,678	895	235

2　2代目社長が帰らぬ人に

造園業界全体が低迷するなかで厳しい経営を続けていたA緑地建設だが，その根幹を揺るがすような事態が生じた。2代目社長が病気となり，十分な引き継ぎを行う間もなく，長期間の入院を余儀なくされたのである。

問2　**2代目社長の長期間の入院といった緊急事態に際して，顧問税理士事務所の担当者としてはどのような対応をすべきか？**

答　顧問税理士事務所としても，顧問先企業の緊急事態を支援するため，従来の担当者Bの他に顧問先の業種である建設業に詳しいスタッフCを2カ月の期間を限定して顧問先企業の支援に当たらせる。

2代目社長はそれまで，①入札関係，②現場指揮・管理，③営業，の3つの仕事を精力的にこなすことで会社の屋台骨を支えていた。急なことで仕事の引き継ぎもしっかりとすることができないような状態ではあったが，社員全員で分担して3つの仕事を分担することになった。

入札関係の業務は，経理を担当している2代目社長の妻が兼務することになった。公共工事の受注までのプロセスは，①公共機関のホームページからの発注情報の入手，②入札参加の申請，③応札資格付与の受信，④仕様書の入手，⑤社内および外注先一体となっての入札価格の算定，⑥応札，⑦落札，⑧受注契約の締結，である。現在はほとんどの自治体が電子入札を行っており，上記の諸手続においても文書でのやり取りはほとんど行われていない。

入札関係はすべて社長が行っていて，文書も残されておらず，残された従業員は対応に苦慮していた。幸い顧問税理士事務所に，建設業にくわしいスタッフがいたので彼が手助けに入ることになった。その事務所スタッフは，2代目社長の奥さんに同行して役所まで出向き，わからない点を種々質問した。役所では懇切丁寧な説明を受けることができ，奥さんの理解も早かった。そのおかげもあってもともと行う予定であった入札は無事実行できた。

しかし，役所を定期訪問し，役所の担当者との日常的な対話の中で多角的な情報を入手していた2代目社長の時とは異なり，落札率は大幅に落ち込むことになった。

現場指揮・管理は工事担当のベテラン社員が引き継ぐことになったが，要員の現場への手配が社長の時ほど的確に行うことが難しくなった。このため，工期遅れが生じ，クレームを受けることが増えてしまった。

営業を引き継いだ社員もベテランではあったが，得意先訪問件数や対話の内容において社長の実績に遠く及ばず，受注額は大きく減少することになった。

図表9－3　2代目社長の入院前後における業績

(単位：千円)

年度		売上	限界利益	固定費			経常利益
				原価固定費	販管費	支払利息	
入院前	2016/4～2017/3	49,864	25,207	11,399	12,678	895	235
入院後	2017/4～2018/3	37,173	17,791	9,257	10,927	900	−3,293

図表9－3に示されているように，社長個人の手腕に依存していたA緑地建設の業績は急激に悪化し赤字経営に転落した。そして，入院から約1年半後，2代目社長は帰らぬ人となってしまった。

3　2代目社長の妻が3代目社長に

社長には息子が1人，娘が2人いた。しかし3人とも造園業とは何の関係もない仕事に就いており，事業を引き継がせるにもすぐにとはいかない状況であった。そこで役員とベテラン従業員が相談して，2代目社長の妻がA緑地建設3代目の社長に就任することになった。大黒柱の前社長を失ってしまったA緑地建設が，3代目社長の下でどう生き延びていくことができるのか，誰もが不安を抱えての再出発であった。

問3 **新経営陣の下で事業を再スタートするために，顧問税理士事務所の担当者Bはどのようなアドバイスをすべきか？ 優先順位をつけて3つあげなさい。**

答 まず取り組むべきことは，「業務分担と組織体制の構築」である。

次いで取り組むべきことは，「利害関係者への迅速な報告」である。

3番目に取り組むべきことは，「当面（3ヵ月間）の資金繰り対策」である。

事業再スタートにあたって，まず決めなければならなかったのは，2代目社長の業務の引継ぎをどうするのか，またそれにあわせて組織体制をどう組み直すのかということであった。2代目社長の突然の入院に緊急避難的に決めた役割分担を，新しい体制のもとでも維持するのかどうかが最初の検討課題となった。

この課題については，新社長と営業および現場のそれぞれのリーダーであるベテラン社員とで議論を重ねた結果，2代目社長が入院中に分担していた形を継続することになった。このことで，スムーズに再スタートを切ることができた。

建設業法上，2代目社長の死亡により空席となっている「経営管理責任者」を新たに選任する必要があった。新社長（亡くなった2代目社長の妻）が要件である「5年以上の役員としての経験」を有していたため，この行政上の手続はとくに問題なく終えることができた。

3代目の社長になって明らかに変化した点は，経営者と従業員とのコミュニケーションが増え，情報共有が進んだことである。2代目の社長はいくつもの業務を担っていたため，現場を回って作業の指揮管理を行い，営業先に行って受注内容の打ち合わせを行い，入札会場に行って入札に立ち会うなど，さまざまな場所を1人で飛び回っていた。そのため，従業員がその日の作業を終えて会社に戻ってきても社長が会社にいないということが珍しくなく，経営（社長）・経理（奥様）・現場（社員）の3者が集まってお互いの状況を報告するような場を設けることがほとんどできていなかった。その結果，作業の進捗状況や今後の作業計画，受注予定のスケジュール等の報告が密にできておらず，3者が同じ方向を向いて進んでいない状況がたびたび発生していた。

それが3代目社長になってから，基本的に事務所に社長が常駐するようになった。そのため，自然に毎日その日の作業の進捗状況を社長に報告するようになった。3代目社長は毎日の報告では何かと心配だったため，週に一度は社員全員も集まってもらって，今後の作業計画や受注予定のスケジュール等について打ち合わせをするようになった。

3代目社長は，会社の事務業務全般について長年携わってきていたこともあり，経理や社内の管理業務についてはわかっているつもりであった。しかし，工事や営業など現場の仕事に関しては皆目わかっていないためと自覚していた。一方，現場責任者の従業員は現場での業務に関しては一通り把握しているものの，経理や経営に関する知識は持ち合わせていない。仕事を進めていくうえでお互いを補完しあわなければならないという関係性は明確であった。3代目社長の性格も助けとなり，社内のコミュニケーションが密になり，お互いの持っている情報や考え方を共有することができるようになってきた。

図表9－4　新旧の役割分析

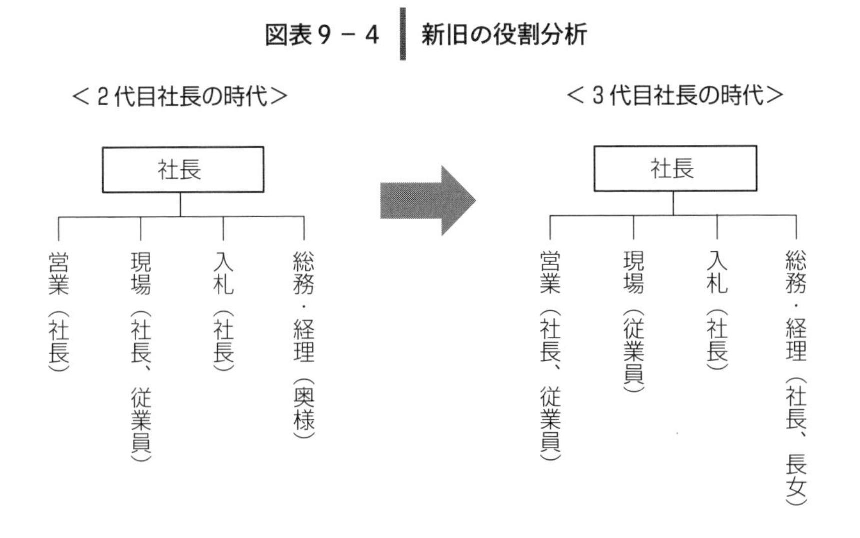

4　社長交代と経営課題の変化

前述のように造園業界全体として市場規模が縮小するなかで，A緑地建設のおかれた経営環境は厳しさを増していた。その影響はすでに２代目社長が存命の頃より，①売上高の低迷と，②資金繰りの悪化，として現れていた。また中長期的には，③人材不足と，④市場縮小への対応，は避けては通れない経営課題となっていた。

(1)　売上のＶ字回復

２代目社長が入院してから売上は著しく低下した。とくに２代目社長が亡くなって２ヵ月ほどの間は会社としての機能が事実上ストップしてしまったため，売上はまったくない状態であった。そのため，３代目社長の最初の決算は，惨憺たるもので，２代目社長が健在であった２期前と比較して売上４割減，前期との比較で２割減の2,980万円にまで売上を落としてしまった。

問４　売上回復に向けて顧問税理士事務所の担当者としてどのようなアドバイスを行うべきか？

答　既存顧客へのあいさつ回りでは，①売上のABC分析を行って重要な顧客に対しては必ず社長が訪問するようにする，②既存顧客のトップとの面談を欠かさないように予め予約しての訪問とする，③重要な外注先を伴って訪問し，サプライチェーンに問題ないことを伝える，の３点に留意するようアドバイスを行う。

売上回復に向けて，A緑地建設では３代目社長と従業員が手分けして既存の顧客へのあいさつ回りなどの地道な営業活動を計画に従って実行した。地道な活動ではあったが，あいさつ回りの効果は覿面(てきめん)であった。既存顧客の引き留めに成功しただけでなく，疎遠になっていた顧客と新しい接点を持つことができたおかげで，受注件数はむしろ増加することになったのである。

官公庁関連の入札は，２代目社長が入院していたころから業務の引き継ぎが順調にできていたため，以前と同じような規模の入札も継続して受注することができた。その結果，新社長になって２期目の決算では２代目社長が亡くなる前と同じ規模まで売上を回復することができた。

(2) 資金繰りの改善

２つ目の課題であった「資金繰りの悪化」は，皮肉にも社長がなくなったことをきっかけに大幅に改善することができた。その理由は，生命保険金の受領である。

Ａ緑地建設においては，顧問税理士事務所の担当者Ｂの勧めもあって，２代目社長を被保険者とする以下の内容の生命保険に５年前に法人で加入していたのが幸運であった。

- 毎月の会社の支払額　３万円（掛捨保険につき全額損金算入）
- 保険金の額　2,500万円
（ただし，2,500万円のうちの1,000万円は毎年200万円を５年間受領するという年金特約とした）

Ａ緑地建設は，予め定めていた「役員退職金規程」に従い，保険会社から受領した1,500万の全額を遺族である新社長へ支払った。この損金処理は，節税効果をもたらした。退職金の支払いがなければ，1,500万円のすべてが「雑収入」として計上され，500万円弱が課税されてしまうことになったが，同じ会計期間で1,500万円が退職金として損金処理されることで，課税を免れることができた。

また，次年度からの毎年の200万円の入金額については，資金繰りの対策として借入金の弁済資金等に回すこともでき，また，課税も200万円の「雑収入」計上が５年間に分散されるので，納税も無理なく行えるようになった。

加えて，新体制の下では，人件費が**図表９－５**で示すように，年額で342万円圧縮できたので収益面で大きなプラスとなった。

これらの経営改善の結果，銀行借入金も数年のうちに完済できる見込みとなっている。

図表9－5　経営幹部と人件費総額の比較表

<2代目社長の時代>

	担当業務	報酬額
社長	営業，現場管理，入札	600万円
奥様	総務，経理	102万円
従業員	現場作業	1,680万円
	人件費合計	2,382万円

<現　在>

	担当業務	報酬額
社長	入札，総務，経理	240万円
使用人兼務役員	現場管理，営業	450万円
従業員	現場作業	1,350万円
	人件費合計	2,040万円

問5　**経営者の予期せぬリタイアメントのリスクに対して，講じておくべき対策はどのようなものか？**

答　以下の3つの対策は不可欠である。

① 事業承継する人材の確保

② 経営者退陣に伴う経営力低下のリスクに備えた必要資金の確保

③ 退職金の支給による老後生活（死亡退職の場合は遺族の生活）の保障とそのための支払い資金の確保

A緑地建設においては，①の「事業承継する人材の確保」については成り行きから2代目の奥様が新社長に就任するということで，当面は解決できた。②と③については，「生命保険」の活用で対応することができた。

---

(3) 人材育成への取組み

A緑地建設では，長年人材足に悩まされてきた。それは，造園業の次のような特色に由来していると思われる。

① 庭園工事や公園工事のような土木系の業務と植栽・剪定等の植物系の業務があり，業務の範囲が広く育成に多くの年月を要する。

② 多くの工事が1件500万円未満であるので，建設業許可を受けなくても施工できる。このため，零細企業や一人親方の企業も多く，人材育成をする余裕がない。

③ 造園施工管理技士等の国家資格を有する人材も他の建設業種に比べ少ない。

④ 造園業の1人当たり年間売上高は1,290万円で，全建設業平均の2,230万円の約57％程度である。したがって，1人当たりの年間人件費も400万円と全建設業平均の520万円の77％前後と低い。

日本の造園業全体としても，就業者数は**図表9－6**のように減少傾向にある。

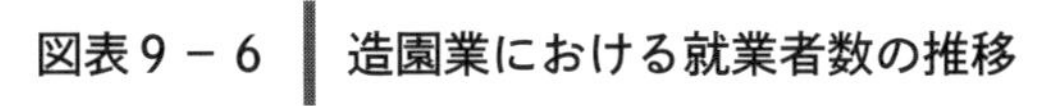

図表9－6　造園業における就業者数の推移

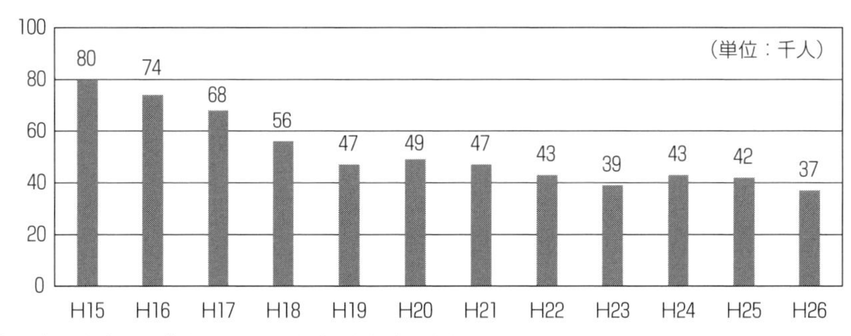

（出所）国土交通省『建設工事施工統計調査報告』各年。

問6　**顧問税理士事務所の担当者Bは，A緑地建設が抱えていた人材不足に関する経営課題に対してどのようなアドバイスをすべきか？**

答　人材育成のためには，以下のような人材育成のシステムを構築すべきである。

① 適任者を教育係に抜擢し，責任と権限を与え，役割に相応しい給与水準とする。

② 会社の業務全体の中での各年の退職者や技術面等，弱点を有している部門を調査し，採用と教育を計画的に行う。

③ 全社員のそれぞれの業務に応じた目標を設定し，業績向上等が顕著であった社員に対して公正な評価と処遇を行う。

このような人材不足という長年の懸案に対して，３代目社長は組織全体として取り組むことにした。ここには3代目社長の「任せる経営スタイル」が反映されている。

まず，一番ベテランの従業員のCを会社の取締役に就任させ，経営陣の一員に加えるとともに，人材育成の責任者に就かせ，給与に関しても責任者手当を上乗せして支給するようにした。これによってC本人のやる気がいっそう高まっただけでなく，昇進と昇給の事実を見せられた他の従業員のモチベーションも上がった。

社員の１人が退職し，急遽新人を採用することとなったが，この時もCが面接する側に加わることによって適任者を採用することができた。今回退職する社員はA緑地建設の土木系の担当者であった。採用面接においてCが工事の段取り等に対する実務的な質問をすることで，求人の応募者の実務能力を的確に把握し，無事に県内の土木専門会社での経験を有する人材を採用することができた。

また，結婚を機にA緑地建設を退職していた社長の長女が，事務の仕事を手伝ってくれるようになった。現在はまだ簡単な業務だけであるが，今後は担当する業務の質と量を増やし，いずれは経理・総務だけではなく入札も含めた事務関係の業務を一手に担うことが期待されている。

このようにして当面の人材不足は解消した。しかし，新社長もすでに60代半ばであり，次の後継者をどうするかという課題は残されたままである。

問7　顧問税理士事務所の担当者として，BはA緑地建設の後継者問題に対してどのようなアドバイスを行うべきか？

答　後継者問題を整理する手順としては，**図表９－７**に示されているフレームワークを活用することができる。

図表9－7　後継者問題を整理するフレームワーク

（現社長の状況）

体調＼年齢	高齢でない	高齢
健康	A	B
健康でない	B	B

（後継者の状況）

社長との関係＼後継者	あり	なし
身内	イ	ハ
身内以外	ロ	

↓

社長＼後継者	イ	ロ	ハ
A	当面は事業承継を考える必要はない		
B	株式の相続対策必要。保証人の差換え必要	株式の譲渡手続が必要。保証人の差換え必要	M&Aへの取組み

→（成功）M&Aで事業継続

→（不成立）自主廃業の選択

A緑地建設で使用人兼務役員に就任したベテラン従業員Cは，今年還暦を迎える年齢である。3代目社長の後を継いでリリーフ的に登板することがあったとしても事業承継の根本的な解決策にはなり得ない。会社に復帰したばかりの社長の長女は後継者候補の1人ではあるが，いかんせん経営者として事業を引き継げるだけの経験は圧倒的に不足している。また経営者としての能力も未知数である。さらに，出産や育児など家庭を優先せざるを得ない時期が来る可能性も高い。図表9－7は社長のタイプを年齢と健康状態からタイプAとタイプBに区別し，それを後継者の状況（イ，ロ，ハ）と組み合わせて事業承継に対する考え方や取組みを整理するフレームワークである。

A緑地建設について図表9－7のフレームワークを適用してみると，現経営者の状況は「タイプB」，後継者の状況は「ハ」に該当することから，「M&Aによる事業承継」が有力な選択肢となる。

自主廃業（清算）とM&Aによる事業承継のメリットとデメリットは，**図表9－8**のとおりである。

図表9－8 ┃ 自主廃業とM&Aのメリット・デメリット

	自主廃業	M&A
メリット	① 自社だけで進められる	① オーナーの手取りが自主廃業より多い
	② 手続がM&Aより簡単である	② 従業員の雇用が確保される
	③ M&Aほど専門家のサポートがいらない	③ 買い手の信用力等を活用できる
デメリット	① 従業員の雇用が維持できない	① 相手がいないと成立しない
	② 取引先のビジネスチャンスをなくしてしまう	② 手続に時間と専門知識が必要
	③ オーナーの手取りがM&Aより少ない	③ 最終的に不成立で継続することもある

(4) 市場縮小への対応

3代目社長の下でどうにか売上高を回復することに成功したA緑地建設であった。しかし，造園工事に対する民間需要は長期低落傾向が続き，造園業をとりまく経営環境はますます厳しくなっている。

以前は，家の敷地の仕切りや目隠しを目的として家の周りを生垣で囲む光景がよく見られたが，最近ではフェンスやブロック塀にその役割を奪われてしまっている。また，庭付きの新築家屋の場合でも，庭に植える庭木は手入れの手間がかからないようなものを選んで自分たちで手入れをするというケースや，そもそも木が植えられるような庭のスペースを設けていないというケースも増えてきている。さらに，長年のお得意様についても，子供や孫の世代になってしまうと，庭の手入れのために手間と時間とお金をかけることが無駄だと考えるようになるケースが増えてきている。“邪魔”な存在となってしまった庭木は，手入れを一切せずに放置されてしまったり，伐採して撤去されてしまったりするなど，長年のお得意様を失ってしまう可能性が年々高まっている。

A緑地建設の所在地である地方小都市ではその傾向がさらに強くなり，限られたパイを疲弊した造園会社同士で奪い合うという構図が続いている。

問８ **業界全体が長期低落傾向にあるＡ緑地建設のような顧客に対して，顧問税理士事務所はどのようなアドバイスができるか？**

答　人口減少が続いている地方都市においては，既存の市場で既存の製品を取り扱うことで売上を伸長させることは長期的に見た場合は難しい。企業に体力をつけさせて新市場や新しいビジネスモデルができれば売上を維持・増大させることができる。

企業が生き残るためには新しい試みを続けることが重要であり，そのためにも既存の顧客との関係を大事にし，地道な営業活動の中で利益を蓄えることが肝要である。「この工事はＡ緑地建設にしかできない」といわれる差別化されたサービスを作り上げていきたいと３代目社長は考えている。

5　会社存続と顧問税理士事務所

Ａ緑地建設では，２代目社長の突然の長期入院による低迷，それに続いて社長の死去に伴う混乱，そして３代目新社長の下での復活を経験してきた。この間にＢ氏は，Ａ緑地建設の顧問税理士事務所担当者としてさまざまな相談に乗り会社の存続を支えてきた。

２代目社長の妻が３代目社長として迎えた最初の決算の時のことである。２代目社長死去の混乱をどうにか乗り切った３代目社長を，Ｂ氏は決算の説明報告を行うため訪問した。説明を聞いた３代目社長は，Ｂ氏に次のように依頼した。「今は余計なことを何も考えずに無我夢中で仕事をしています。どうにかお金も回っているので，自分としてはそれなりにやっていけているという気にもなっています。」「だからこそ，客観的に数字を判断できる立場にある税理士事務所として，経営状況が本当に悪くなったり経営判断が間違ったりした場合は正直に伝えてください。」

顧問税理士事務所の担当者としてうれしくもあり，また，重い責任を感じた瞬間であった。

会社を経営していくためには，「ヒト」，「モノ」，「カネ」といった経営資源だけでなく，それを活用していくための「情報」という要素が必要不可欠であるとB氏は考えてきた。A緑地建設の場合では，「ヒト」に関する若手人材育成の課題や後継者問題，また造園業界全体の動向に関する「情報」などについて注意してA緑地建設をサポートしてきた。

しかし，社長交代を経験し，会社経営には社長の仕事に対する“想い”が何よりも重要であり，それを社長と社員がいかに共有できるかが肝心だとB氏は気づいたという。A緑地建設は，まだ多くの課題を抱えており，簡単に解決できるものばかりではない。社長の死去という過去最大のピンチを，新社長の下で従業員と一体となって乗り越えたことで，会社の結束を高めることができた。この“結束”こそが，A緑地建設の何よりの“財産”だとB氏は確信している。

さらに，A緑地建設の社長と社員の“想い”を「経営理念」として文書化することで“想い”が社内にさらに浸透するとともに社外に対しても発信されるのでは，と考えている昨今である。

6　本章の実務ポイント：生命保険の活用

2019年6月に定期保険に関する法人税基本通達の改正があり，2019年7月8日以降の契約から適用されている（改正前の契約についての遡及効はない）。

改正の対象となる生命保険は，契約者が法人か個人事業主で，被保険者が法人役員または従業員で，受取人が法人か個人事業主である定期保険である。

ピーク時の返戻率をもとに**図表9－9**のとおり数種類の経理方法が定められた。

2019年の税制改正によって，各種生命保険の活用法も変化した。**図表9－10**は主要な生命保険について留意すべき点をまとめたものである。

●**注**

1　事故や災害への対応としての管理会計については，岡崎路易『クライシスを乗り越えるマネジメント・コントロール―東日本大震災の復興事例―』中央経済社，2016年，佐々木郁子・岡崎路易・大浦啓輔「東日本大震災における管理会計の実態調査」『原価計算研究』第39巻第1号，2014年，1-10頁，等を参考にしていただきたい。

図表９－９　ピーク時の返戻率で異なる損金の範囲

<table>
<tr><th>ピーク時返戻率</th><th colspan="4">経　理　の　方　法</th></tr>
<tr><td>(1)　50%以下</td><td colspan="4">契約年齢や保険期間の長さにかかわらず全額が損金算入される</td></tr>
<tr><td rowspan="3">(2)　50%超
〜
70%以下</td><td colspan="2">４割の期間</td><td>3.5割の期間</td><td>2.5割の期間</td></tr>
<tr><td colspan="2">資産計上期間（４割を資産計上）</td><td>全額損金算入期間</td><td>取崩し期間</td></tr>
<tr><td colspan="4">被保険者１人当たりの年間支払保険料が30万円以下であれば全期間で全額損金算入される</td></tr>
<tr><td rowspan="2">(3)　70%超
〜
85%以下</td><td colspan="2">４割の期間</td><td>3.5割の期間</td><td>2.5割の期間</td></tr>
<tr><td colspan="2">資産計上期間（６割を資産計上）</td><td>全額損金算入期間</td><td>取崩し期間</td></tr>
<tr><td rowspan="4">(4)　85%超</td><td colspan="2">資産計上期間</td><td>全額損金算入期間</td><td>取崩し期間</td></tr>
<tr><td colspan="2">解約返戻率がピークの年（25年）
解約返戻率が７割以上となる年（33年）｝遅い方（33年）</td><td rowspan="3">資産計上期間と取崩し期間のいずれにも属さない期間</td><td rowspan="3">解約返戻金が最大になる年度（52年目）から保険の満了年度（60年目）まで</td></tr>
<tr><td>当初の10年間</td><td>残りの期間</td></tr>
<tr><td>ピーク時の解約返戻率の９割を資産計上</td><td>ピーク時の解約返戻率の７割を資産計上</td></tr>
</table>

（85%超の期間区分の例示）

年払保険料100万円，死亡保険金4,260万円，40歳男性が期間60年の定期保険に加入

年数	保険料累計	解約返戻金	解約返戻率	解約返戻金増加額	返戻金増加率
1	100	66.4	66.4%	0.0	0.0%
2	200	158.8	79.4	92.4	92.4
⋮	⋮	⋮	⋮	⋮	⋮
24	2,400	2,272.8	94.7	96.7	96.7
25	2,500	2,370.0	返戻率最高 94.8	96.2	96.2
⋮	⋮	⋮	⋮	⋮	⋮
32	3,200	2,889.6	90.3	70.7	70.7
33	3,300	2,960.1	89.7	69.0	69.0
⋮	⋮	⋮	⋮	⋮	⋮
52	5,200	最大 3,900	75.0	17.0	17.0
⋮	⋮	⋮	⋮	⋮	⋮
60	6,000	0.0	0.0	−1,782.0	−1,782.0

図表9－10 主要な生命保険の活用法

種類	契約内容		目的	経理処理・課税関係	留意点
定期保険（掛け捨て型）	契約者	会社	5年（または10年）という短期間だけ万が一の場合の保障が欲しい。保険金で経営力のダウンに伴う資金の涸渇や死亡退職金の支払いに備えたい。	支払保険料は全額が損金算入される。 保険金は全額が益金となる。	保険料は生命保険の中で一番安い。死亡なしで満期到来の場合，何の収入もなく保険が終了する。 50歳の男性が保険金1,000万円の定期保険に加入した場合の月額保険料は約6,000円。
	被保険者	社長			
	受取人	会社			
終身保険	契約者	父	遺産分割協議なしで相続人が直ちに資金を使えるようにしておきたい。万が一の場合のリスクにも備えておきたい。	支払保険料は資産計上。保険金受領者には，みなし相続財産として相続税が課される。 但し，生命保険の非課税枠（相続人1人500万円）を使うことができる。	生存中に資金が必要になった場合，解約返戻金や契約者貸付を利用することもできる。 50歳の男性が60歳満期の保険金1,000万円の終身保険に加入した場合の月額保険料は約8万円。
	被保険者	父			
	受取人	相続人			
長期平準定期保険	契約者	会社	経営者に万が一のことがあった場合の会社の資金面の備えや遺族への死亡退職金の支払資金を確保しておきたい。	2019年の税法の通達の改正で解約返戻金のピーク時の割合の違いで経理の処理が異なることになった。 資産計上時期から全損時期に移り，最終的に取崩し期を迎える。	定期保険の一種であるが，超長期の定期保険で，返戻率の高い期間が比較的長く続くので終身保険に近い機能を有している。 満期到来で解約金はゼロになる。 保険料は掛捨ての定期保険より高い。
	被保険者	社長			
	受取人	会社			

（注）保険の契約内容で異なる課税関係

契約者	被保険者	受取人	保険金にかかる税金
夫	夫	妻	相続税（みなし相続財産）
夫	妻	夫	所得税（一時所得）
夫	妻	子	贈与税

第10章

中小企業のガバナンス
―建築業の事例―

中小企業の経営は大企業以上に経営者の意欲と能力に左右される。中小企業といえども経営者が私利を優先し，会社が社会的存在であることを忘れてしまうことは許されない。会社が正しい道から外れることないよう経営者を規律づけるのがガバナンス（Governance）の役割である。

本章では，中小企業のガバナンスにおける税理士事務所の役割について学ぶ。

1　KY建設株式会社の沿革－K社長とY専務ではじめたKY建設

KY建設株式会社は従業員9名の小所帯ながら，ユニークな経営手法によって安定した経営を続けてきた。

K社長は，1973年に大学を卒業後，海洋土木最大手といわれる大手総合建設会社（ゼネコン）に就職し，土木部門の現場施工主任として6年勤務した経験を持つ。入社して6年たった頃に，当時会社が手掛けていた海外の運河改修工事の担当者として赴任してくれないかと打診を受けたが，社長は一人っ子で跡取りということもありその誘いを断り退社することになった。

退社後に再就職したのが，KY建設のY専務が現場施工主任および建築設計士として勤めていた大手土木建築工事業会社である。K社長は，再就職先で前職の大手ゼネコン土木部門で培った手腕を発揮し土木部門を急成長させることに成功した。その実績を買われ経営状態が芳しくない子会社の立て直し役として代表取締役に抜擢された。そこでもK社長は親会社をしのぐ勢いで利益を出すことに成功した。この成功が引き金となって，思わぬ方向にＫ社長の進路が変わることになる。

グループのお荷物企業であった子会社が利益を増大させるのをみて，親会社が，その子会社を吸収合併しようとしたのである。15年近くお世話になった会社ではあるが，Ｋ社長としては子会社の利益を増大させたのは自分だという自負があり，いくら親会社とはいえ有無を言わさぬ形で吸収合併されるのはおもしろくなかった。

そこでＫ社長は，独立して会社を起ち上げようと決意し，同じ会社に勤めていた同い年のＹ専務を誘って一緒に退職し，KY建設株式会社を設立した。1993年，Ｋ社長とＹ専務が42歳のことである。その半年後，元の会社に勤めていたＳ部長を自社に誘い，５年後に東京の大手事務機器メーカーに勤めていた社長の長男を迎え入れた。現在もKY建設は，役員４人，従業員５人の合計９人の小さな所帯である。

小さな所帯ではあるが，Ｋ社長は１級土木施工管理技士，Ｙ専務は１級建築士と１級土木施工管理技士，Ａ部長とＢ主任はともに１級建築施工管理技士，従業員男性Ｃさんと女性Ｄさんもそれぞれ２級建築士，社長の長男は宅建士の資格を持つ専門家集団である。

Ｋ社長は経営能力に長けており，よくいえば堅実，悪くいえばお金に細かいワンマンタイプである。後述するように，身内びいきがすぎるところが最近目立つようになってきている。Ｙ専務は真面目すぎるきらいはあるが，現場一筋のタイプで，落ち着いた人柄のＹ専務への従業員の信頼は厚い。

2　経営者としてのＫ社長の考え方

税理士事務所の担当者として，Ｋ社長との簡単な面談を月に１回ほど行っている。面談のなかでＫ社長が口癖のように口にする言葉がある。「自社ビルなど無駄」「借入するぐらいなら会社をたたむ」「手形支払のところとは取引しない」である。これらの口癖からＫ社長の考え方を読み取ることができる。

１つ目の口癖は，「自社ビルなど無駄」である。Ｋ社長によれば，儲かっていても賃貸の事務所で十分で自社ビルなど建てる必要はなく，自社ビルを建てるのは見栄を張るためでしかない。名より実をとるという現実主義的な考え方をＫ社長は重視している。

２つ目の口癖は，「借入するぐらいなら会社をたたむ」である。Ｋ社長によれば，借入をしなければいけなくなるくらいならそれは儲かっていないということで，それでは何のために会社を経営しているかわからないということだから，会社はたたむべきである。実際にKY建設では，設立当初から必要最小限の短期借入金はあるものの，長期借入金は１円もない状態を維持している。入金のタイミングの関係で業者支払のために借り入れている１～３ヵ月の短期借入金も，入金があり次第すぐ全額返済することにしている。借入に対してきわめて保守的な考え方をＫ社長は持っている。このため，金融機関との関係は薄いのが実情である。

３つ目の口癖は，「支払が手形の会社とは取引しない」である。どんな大手企業であっても，貸倒れリスクがあり，業者への支払いが遅れてしまうことを考えると手形取引はすべきではない，というのがＫ社長の考え方である。これは２つ目の考え方と同根であり，規模を追わず財務的な安定性を重視するという保守的な考え方がＫ社長の基本方針となっている。

Ｋ社長の堅実な経営方針は，取引先開拓時にも反映されている。新規顧客の場合であれば，帝国データバンクなどで取引相手の財務状況や支払方法を調べて安全性を確認している。下請け業者と新規に取引をはじめる際にも，相手の財務状況を確認し，安全な取引先だと納得することが取引開始の前提である。

3　KY建設の主要事業

KY建設の主要事業は，大型店舗の建築全般である。KY建設の業務は建築用地の確保から，店舗の設計，建築までの流れ全般にわたっている。９人の小所帯で一連の仕事をすべてまかなえるわけはなく，KY建設では，受注した工事はすべて下請け業者へ流して作業を進めている。そのため建設業ではあるが，建設機械や重機など建設会社らしい設備は保有していない。役員以外は全員現場の責任者という体制をKY建設はとっている。

Ｋ社長の担当は営業全般である。Ｋ社長の重要な役割には，建築候補地の情報収集や建築用地の絞り込みがある。Y専務のほうは，社長の営業成果を受けて，それを具体的なビジネスに落とし込む仕事を担当している。専務の役割は広範囲にわたっていて，地権者のとりまとめから，地勢図や交通アクセスの調査，基本図面の作成，案件毎の利益計画の作成，さらにKY建設自体の中長期経営計画の策定もY専務が行っている。

KY建設の最重要顧客は大手家電量販店のY社とディスカウントストアのX社で，Y社とX社の店舗建築が主要な業務である。近年はこの2社からの受注が売上の8割を占めている。

Y社とX社の2社の社長はともに，K社長が前職で営業を担当していた頃からの知り合いである。両社はKY建設設立以来の主要顧客であり，店舗建築の仕事がKY建設の主要業務になっている理由でもある。

KY建設が扱う案件には，店舗用地の絞り込みからはじめる場合もあれば，建築のみの場合もある。土地の確保からはじめるような場合は，プロジェクト期間は2年を超えるようなものもある。建築のみの場合であれば，プロジェクト期間は半年程度である。請負金額が大きいものほど工期が長くなりがちではあるが，そのようなものは手間暇がかかり結果的に利益率を引き下げてしまうとK社長は考えている。基礎工事の工期が短い1階建ての店舗で請負金額が大きいものを中心に受注することで，現在の少人数の体制で十分な利益を確保していくというのがKY建設の従来からの戦略であった。

大手家電量販店Y社とディスカウントストアX社といった法人からの受注以外に，個人からの受注も受けている。個人相手の取引で多いのはアパート建築である。アパート建築については，シンプルな構造の2階建てまでのものに焦点を絞って事業を展開している。請負金額の大きさと工期の短さのバランスがよいからというのがその理由である。ちなみに2階建てのアパート建築だと工期は3ヵ月程度が標準である。

アパート以外の住宅建築などは，需要は多いものの，できるだけ引き受けないようにKY建築はしている。個人相手の取引は請負金額の割には手間がかかり，同じだけの利益を出そうとすると1棟当たりの単価を上げなければならなくなり，結果として受注件数が下がるとK社長は考えている。なお，Y社およびX社からの受注は，従来はほとんどが「特命」であったが，最近「競争入札」の案件が増加しつつありK社長の大きな懸念事項になっている。**図表10－1**はKY建築の売上構成推移である。

図表10－1　売上構成の推移表

（単位：千円）

	2014年度	2015年度	2016年度（直近年度）
大手家電量販店Y社	422,240	324,400	442,840
ディスカウントストアX社	485,360	354,402	388,760
アパート建築	141,980	116,038	137,680
個人住宅等	76,020	80,020	83,000
合計	1,125,600	874,860	1,052,280

問1　KY建設の事業についてビジネスモデルキャンバスを用いて図示しなさい。

図表10－2　KY建設のビジネスモデルキャンバス

<table>
<tr>
<td rowspan="2">（キーパートナー）
KY社の外注先の建設業者

（注）
無借金経営につき金融機関とのコンタクトは弱い</td>
<td>（キーアクティビティ）
店舗建築工事</td>
<td rowspan="2">（提供価値）
店舗として的確な用地の調査・確保と効率的な店舗の建築・引渡し</td>
<td>（顧客との関係）
継続的な関係</td>
<td rowspan="2">（顧客セグメント）
大型小売店舗業者

ディスカウント・ストア</td>
</tr>
<tr>
<td>（キーリソース）
現場監督としての豊富な経験を持つ老練な人材</td>
<td>（チャネル）
発注側との人的なつながり</td>
</tr>
<tr>
<td colspan="2">（コスト（原価））
年間の完成工事原価　9億円
給与とその他の一般管理費　9,000万円
税引前利益　1,000万円</td>
<td colspan="3">（レベニュー（収益））
年間売上10億円
（平均1棟3億円強の店舗を年間2棟建設
その他の工事2億円前後）</td>
</tr>
</table>

4　KY建設の利益管理

KY建設は１店舗当たり平均３億円強の店舗を建築している。年度により完成工事高はかなり変動するが，平均して年間２棟前後の引渡しがあるので，年間完成工事高は他の工事分も含めて平均すると約10億円となる。

各請負工事については，K社長は粗利で13～14％を確保するように営業および現場の担当者には指示している。

固定費としては，毎月給与と一般管理費で750万円，年間9,000万円となるので，当初の指示通りであれば，年間4,000万円前後の営業利益の計上となるが，実際は1,000万円前後の黒字に止まっている。

その原因は，基本契約を取り交わした後で追加工事や変更工事が発生し，このため外注先の工事日数が増加することで外注費の追加払いが発生してしまうからである。基本契約に記載のない追加工事や変更工事については，当然施主と交渉して然るべき請負代金を請求すべきであるが，担当者が忙しいことと，原価の集計が遅れるため請求洩れが日常的に発生しているのが現状である。この点について，毎年黒字決算が続いていたこともあって，K社長の認識は稀薄であった。

収益の認識基準としてKY社は現金主義をとっている。利益は工事毎に実行予算を作成しているので，それ以上は気にする必要はなく，むしろ資金繰りに注意を払うべきである，とK社長は考えている。

「お金の流れ」をわかりやすくしたいとの考えから，銀行口座はＡ口座，Ｂ口座，Ｃ口座およびＤ口座と４つ設けられている。施主からの工事代金はＡ口座に振り込まれる。Ａ口座に工事代金が振り込まれると即座に「入金額×（１－粗利益)」の金額をＢ口座に振り替える。Ａ口座には，原価支払分がプールされ，Ｂ口座には，人件費および一般管理費プラス利益分がプールされる。

また，Ｂ口座から工事代金の１％を法人税等の支払い用としてＣ口座へ移す。最後に，Ｂ口座から貯金用のＤ口座に毎月50万円移動させてプールする。工事代金が予定通り入金され，工事原価と人件費および一般管理費に利益をプラスした分が予定額に納まる限り，Ａ，Ｂ，Ｃの各口座はマイナスとならない。Ａ，

B，Cの口座に不足が生じた場合，何が原因で不足が生じたかがわかる。そして，不足が生じそうな口座に対しては，D口座（貯金用の口座）から補填が行われる。このようなしくみの下で，K社長はD口座残高を増やすことを重視している。

5　KY建設の利益管理上の課題

規模を追わず手堅い経営を続けてきたKY建設ではあるが，ここ数年は主要顧客である大手家電量販店Y社とディスカウントストアX社の出店が頭打ちになり，地元から離れた遠隔地での出店に対応した受注の確保を迫られるようになった。

しかし，各種の情報が得難い土地での出店であるから，KY建設が建設用地を確保できないことも多く，この場合は必然的に一般的な競争入札に参加して工事を受注することになる。一般競争入札の場合は，従来の指名入札の場合より粗利益率は低下することが避けられなかった。

問2　**KY建設の顧問税理士事務所の担当者として，上記のような状況に対してどのようなアドバイスを行うべきか。**

顧問税理士事務所の担当者から，少数の顧客への依存度が高いことは経営上のリスクであるとの指摘はこれまでも行われていた。しかし，大手の固定客のおかげで営業費をかけることなく売上が確保できてきたことなどから，KY建設ではこの問題は先送りされてきた。

(1)　少数顧客への依存体質からの脱却

近年，少数の顧客に売上の多くを依存しているリスクが顕在化したことで，KY建設もこの課題に取り組むことになった。この課題にKY建設が取り組むにあたって，税理士事務所担当者としてアドバイスしたのは次の3点である。

第１は，地元における新規客の獲得である。近年，急速に店舗数を増やしているドラッグストアが顧問先にあったので紹介したが，当該ドラッグストアの親会社が現取引先であるＸ社のライバル会社ということがわかり，今回はうまくいかなかった。

第２は，入札を通じた受注増である。従来は，指名入札の受注を優先するあまり，一般入札ではかなり高めの価格で入札を行ってきた。たしかに他の会社の入札価格とも競り合える価格だと利益率は低くなる可能性が高いが，それでも利益が確保できるぎりぎりの水準で入札すれば，競争入札でも落札できる可能性が高まるはずである。下請業者等との情報網を活用して，競合相手の入札価格を推定した上で，落札可能性の高い価格で入札するようアドバイスした。

第３は，組織的な利益管理能力の改善である。KY建設では，会社として実行予算は作成していたものの，発生主義会計を採用していなかったため毎月の予実対比が実施できないでいた。そこで，従来の現金主義を納品書ベースの発生主義に改め月次での予実管理の実行をアドバイスした。

納品書ベースに変更することにより，確かに事務作業は若干増加したが，事務スタッフの増員が必要となるほどではなかった。その一方で，納品書ベースの原価管理に変更することにより，以下の２点のメリットが得られた。

第１は，外注先が発行した日々の納品書をプールしておいて，後日送付される請求書とのチェックを行うことにより，過大請求を洩れなく発見できるようになったことである。従来は，納品書はただ綴じておくだけであり，納品書と請求書を突き合わせることなく請求額面どおりの金額を何の疑いもなく支払うのみであった。KY建設が納品書と請求書との照合を行うようになったことを知った外注先は自然と正しい請求書を送付するようになり，最近は請求書の水増しや誤りは全く見られなくなった。

第２のメリットは，納品書ベースにすることにより，現金主義の場合より１ヵ月半から２ヵ月近く原価の把握が早期化し，実行予算との予実対比を迅速に行うことができるようになったことである。

図表10－3　納品書ベースによる原価把握

結果として，追加工事等の事実をいち早く把握でき，施主への追加工事等の代金請求も洩れなくできるようになった。

(2)　遠隔地工事の増大

大型店舗の建築を県内だけで進めていくとなれば，必ず建築数に限界がきてしまう。KY建設でも，この１～２年は県内工事が漸減することとなり，勢い，県外工事が増大することとなった。その結果，KY建設の現場管理上大きな問題が生じることになった。それは，建築業法の現場管理に関する**図表10－4**の規定の影響である。

図表10－4　現場管理者に関する建設業法の規定

建築業法の規定

①　建設業者は，建設現場に必ず現場管理者を置かなければならない。
②　現場管理者には主任技術者と監理技術者の区分がある。
　主任技術者になれるのは，建築工事業（KY建築が該当）の場合は，１級国家資格者（１級建築士，２級建築施工管理技士），２級国家資格者及び実務経験10年以上（高卒の場合５年以上，大卒の場合は３年以上）の者である。
③　１つの工事の外注費の額が6,000万円以上となる場合は監理技術者が，工事規模の小さい工事の場合は主任技術者が必要。
④　現場管理者は１つの現場への専任が求められる。但し，個人住宅の場合及び工事現場の相互の距離が10キロメートル程接近している場合には兼任が認められる。

KY建設の現場管理者は，県内工事においては多くの場合兼任が可能で，効率的な監督業務が遂行できていた。しかし，県外建築においては同時期に近接した複数の現場があることはほとんどない。そのため，現場管理者の生産性が大きく低下することになった。例外は，現場管理者の兼任が認められていた個人住宅の場合だけであった。

遠隔地工事の増大は現場管理者の問題以外にも，外注先企業と自社の社員の交通費・宿泊費など余分の経費がかかるようになり，また，外注先企業だけでなく自社の社員も勤務時間（実働時間）以外の収入計算に織り込まれない移動時間が増大することになった。このように，県外工事は外注先およびKY建設の社員にとっても歓迎すべきことではなかった。

問3 KY建設の顧問税理士事務所として，遠隔地工事の増大という状況に対してどのようなアドバイスを行うべきか。

---

(3) 外注先企業との関係再構築

このような状況にあって顧問税理士事務所の担当者は，K社長に次のような２つのアドバイスを行った。

まず第１に，個人住宅建築への取組みである。遠隔地の市場の個人住宅建築への取組みをベテラン社員が現場管理者となって本格的に始めることは十分検討に値する。個人住宅建築は建設業法の縛りが少ない点でもメリットがあり，何より県内メイン市場において個人住宅建設市場へ本格参入する前の貴重な知見を蓄積する好機ともなる。

第２に，外注先企業との健全な協力体制の再構築である。KY建設の現場管理者と外注先企業との間には，長年のつきあいを背景によく言えば「安定」した関係が築かれていた。しかしその安定した関係のため，経済合理性より「しがらみ」によって外注先が選ばれる弊害が生まれていたのである。外注先を選定するために実施される競争入札もきちんと行えていない問題が生じていた。

現場管理者と外注先が相互理解することは重要であるが，経済合理性が損なわれてしまうのでは本末転倒である。経済合理性を担保する「競争原理」が機能しないのは収益性を損なうことに直結する。さらに，「しがらみ」によって競争原理が歪められてしまうことは，企業のコンプライアンス（法令遵守）の上でも問題である。現場管理者と外注先が結託して高めの外注費を請求し，その後，外注先が支払先である元請企業の社員へキックバックする事例等が過去に相当見られた。

原価の分野において，厳格な「競争原理」（競争入札の励行）の導入は，大きなコストダウン効果を生むことになる。しかし，やみくもに「競争原理」を導入することは副作用も大きい。長年のつきあいがある地元の建設業者との間に競争原理を持ち込むのは慎重でなければならない。KY建築を信用してくれている外注先にマイナスの心情的なインパクトを与えるおそれがあるからである。

この点，新しく進出した地域における「競争入札」の導入はこういう問題が少ない。競争入札による外注先企業の選定は，業界において本来あるべきプロセスであり，大きな抵抗なく実施可能である。そして，遠隔地における成功の前例をもって，地場の外注先への「競争入札」の励行を徐々に広めて行くようにすれば，地元の外注先も納得して受け入れてくれると予想できる。

顧問税理士事務所担当者のアドバイスが受け入れられて，人間関係をベースにした現場管理から，経済原理を重視した現場管理への移行がKY建築では進められた。

6　KY建設のガバナンス問題

K社長は，将来にわたって会社を経営していきたいという強い思いを持っていた。その強い思いの裏返しともいえる問題が，KY建設では深刻化しつつあった。一言でいえばKY建設のガバナンスの問題であり，具体的には経営者一族と会社経営の関係である。

会社がどのように活動し利益を生み出すかを左右するのが経営の課題であり，そのために従業員をコントロールし成果を出していくのが経営者の仕事だとすると，ガバナンスはその経営をどうコントロールするか，経営者をどう規律づけするかという問題である。所有と経営が分離しておらず，経営者家族と他の経営陣との間も親密な人間関係にあることが多い中小企業では，所有と経営とが分離した大企業とは違った繊細なガバナンスが求められる。

KY建設のガバナンス問題の発端は，社長の長男が入社したことであった。東京で証券会社勤務だった長男のM氏は，畑違いの建設業界に入るにあたって宅建士を取得したように努力家ではある。しかし，いかんせんKY建設の業界とは畑違いの出身であったため，不動産取引の現実や建設現場の知識が圧倒的に不足していた。KY建設に入社しても，他の従業員のように現場担当者の仕事ができるわけではなく，必然的に営業担当となった。営業でも苦戦が続き，とれた契約はいずれも赤字のものばかりであった。

そういう状況で，どうにか存在感を出したかったのであろうか，M氏は子供服リサイクル店の開業を思いつく。本来ならば，堅実経営のK社長が許すはずもない計画であるが，子供には甘かったのか，M氏と父親の社長の2人だけでショッピングモールへのリサイクル店の出店を決めてしまった。創業以来それまでKY建設の重要な意思決定は，K社長とY専務が合議のうえで決めてきた。しかし，リサイクル店の出店の意思決定にあたっては，これまでの暗黙の慣習が守られなかったのである。

思いつきに近い形で始まったリサイクル店の経営は案の定厳しいものであった。ショッピングモールへの出店は3年契約であったが，出店当初からの赤字は改善されることなく，3年を待たずして閉店することになった。累積赤字と違約金が重なり総額2,000万円の損失が計上された。社長の独断専行であっても結果がついてくればまだよかったが，あまりにも素人じみた経営であり，Y専務のK社長に対する信頼は大きく揺らぐことになった。

子供服リサイクルショップの閉店以降も，長男M氏の迷走は続いた。営業担当として交際費を使うのはよいが，年間500万円もの交際費を使いながら芳しい成果を上げることができない状況が続いたのである。社内では，M氏の交際費を浪費としてとらえる見方が強まっていた。

Y専務はK社長に意見してきたが，K社長は身内のこととなるとY専務の意見にも耳を貸さず，無謀な計画に資金を投入していった。それまでは非常にお金に細かく厳しい社長が，長男M氏についてはこんなに変わるのか従業員も驚くほどであった。

これまではK社長を立てていたY専務であったが，ついに堪忍袋の緒が切れる事態が生じた。勤務時間中にゴルフに興じている社長親子の様子がY専務の耳に入ったのである。Y専務にとっては寝耳に水の話であった。この話を聞いたY専務は激怒し，K社長と言い争いとなった。それ以降，Y専務は仕事以外でK社長とは口も利かないという関係になってしまっている。

さらに事態を深刻にしているのが，K社長の体調である。しばらく前からK社長の物忘れが目につくようになり，日常業務に支障が生じ始めており，取引先からの電話などでもK社長がとんちんかんな対応をすることが起きていた。K社長は，会社のお金の話になるときちんと記憶しており，日常的に接しているわけではない取引先業者などがK社長の知的能力に疑問を覚えるほどにはなっていない。しかし，K社長の尻ぬぐいをする羽目になっている従業員はK社長の健康に不安を感じるようになっていた。

問4 KY建設の顧問税理士事務所の担当者として，ガバナンス問題についてどのようなアドバイスを行うべきか。

顧問税理士事務所の所長は，K社長とY専務がKY建築を創業した当初からの長いつきあいである。K社長の信頼も厚いところから，税理士事務所の担当者に代わりKY建築のガバナンス問題に乗り出すこととなった。まずは，K社長と面談し様子をうかがいながら率直にアドバイスすることとした。

面談の場にはK社長の長男M氏も同席させた。このことがK社長の気持ちを沈静化させるのに役立った。アドバイスは,「K社長の業務負担を軽減化させ楽にしてもらうため，Y専務にも代表権を与えてはどうか」という内容である。

K社長は長男Mの顔を見て，長男Mも異存がないような様子であったので，あっさり同意となった。社長が議決権のすべてを有しているところから，以上の協議の結果を臨時株主総会の決議とし，①2代表制とすることと，②専務の代表取締役（単独代表の2代表制）への就任を議事録にまとめ，社長に記名押印してもらった。

以上で「書面決議」が無事終了し，とりあえずKY建設の重要事項はY専務が代表取締役としてかかわることで進めることができるようになった。

問5 KY建設の顧問税理士事務所の担当者として，事業承継問題についてどのようなアドバイスを行うべきか。

顧問税理士事務所の所長は，事業承継に関係する当事者それぞれの要求事項を面談の上，リストアップしていった。その内容は，以下のとおりである。

K社長：①創業者利得を得ることで貯蓄と将来の生計が保障されること
　　　②長男Mの今後の生計の維持が確実に保障されること
長男M：①自身の特技が活かせるとともに将来の生計の維持が保障されること
専　務：①K社長に退任してもらい，単独代表の代表取締役としてKY建設の舵取りが末永くできること
　　　②K社長の保有株式のすべてを買い取ること
従業員：①現状の給与水準等の労働条件が今後も安定して推移すること

所長は上記の要求事項にもとづいた事業承継計画を作成し，「見える化」して関係者に提示した。**図表10－5**がその骨子である。

図表10－5　KY建設の事業承継計画

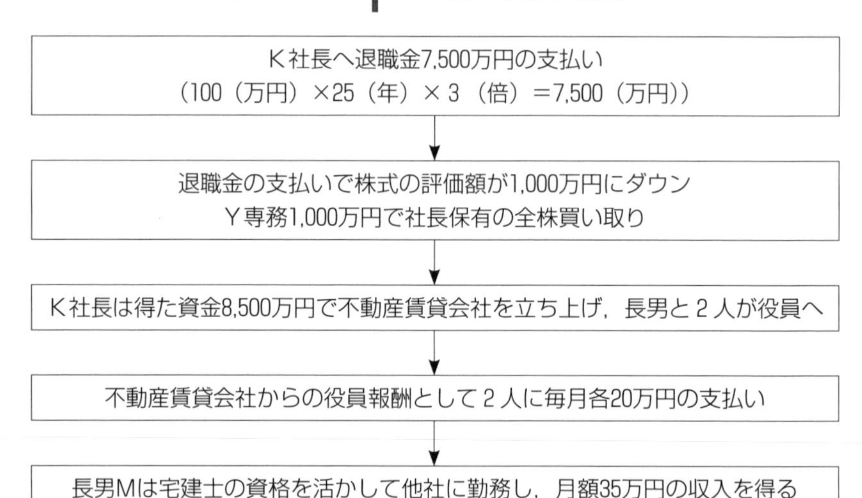

会社が借入金を抱えていないことから，K代表取締役が負っていた会社の借入金に対する保証債務の引継ぎの問題は生じなかった。以上のシナリオに各当事者が合意することとなり，事業承継は無事に進めることができた。

7　本章の実務ポイント：親族外（役員や従業員）の事業承継の進め方

かつては事業承継といえばほとんどが親族への承継であったが，近年においてはKY建設で採用されたような親族ではない役員等の社内関係者への事業承継が広がりを見せている。

本章の実務ポイントでは，親族外承継を円滑に行うための基本的考え方と現行制度の利用方法について学ぶ。

事業承継の方法としては，親族内承継，親族外の従業員による承継，M&Aによる第三者承継がある。

(1)　事業承継の選択肢決定のフローチャート

事業承継の選択肢を選ぶために，下記のフローチャートに沿って検討する。

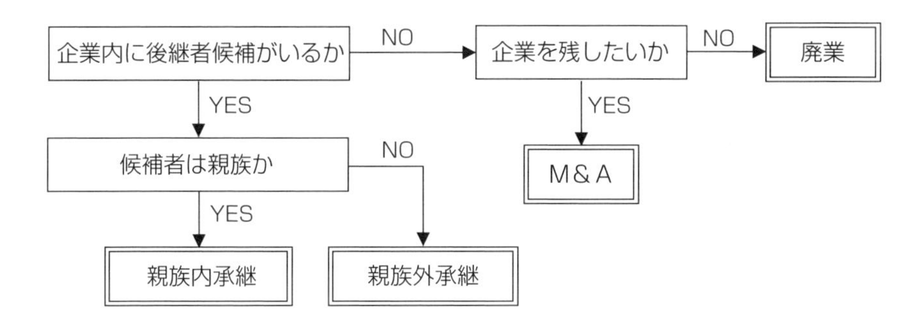

(2) 3つの事業承継方法のメリットとデメリット

3つの事業承継方法には，次のようなメリット・デメリットがある。

	親族内承継	親族外承継	M&A
メリット	• 社の内外の承認を得やすい。 • 承継の期間を十分に確保できる。 • 承継者の資金負担が少ない（相続）。 • 保証債務の引継ぎが難しくない。	• 経営の安定性がある。 • 社の内外の承認も得やすい。 • 後継選択の幅が広がる。	• 創業者利得が得られる。 • 保証債務履行の責任がなくなる。 • 承継企業の信用力を活用できる。 • 広範囲から探すことができる。
デメリット	• 後継者が経営に不向きな場合がある。 • 先代との間で反目が生じることがある。 • 後継候補複数のとき，争いが生じる可能性がある。 • 税金対策が必要となる。	• 株式買取りの資金調達が大変。 • 保証債務の引受けが重荷となる。 • 会社幹部間で軋轢が生じることもある。	• 承継相手が決まらないことがある。 • 社の内外へ情報が洩れるリスクがある。 • 社風が変化する可能性がある。 • 専門家の支援を要することが多い。

(3) 事業承継へ向けた3つのステップ

① 事業承継の必要性の認識

経営者が概ね60歳を超える頃には事業承継の必要性について考え始めることが望ましい。3つの事業承継方法のいずれの場合もかなりの年数を要するためである。

経営者は日常的な業務が忙しく，また，事業承継はプライベートな領域にも踏み込まざるを得ない側面を有していることころから，周囲からアドバイスが難しい点がある。

税理士事務所は経営者の最も身近な専門家であるので，事業承継についての最初の相談相手になることが多く，専門的知識を持っていることが望まれる。

②　事業承継へ向けた経営の改善

事業承継前に経営改善を行うことは，3つのいずれの事業承継においてもプラスの効果をもたらす。

親族内承継の場合には，後継者候補の経営力が向上することで事業承継がより魅力的となる。

親族外承継の場合には，会社の借入金の保証の引継ぎが承継を断念させてしまうことが多い。この点，承継の時点で会社の収益性が向上し，会社の資産や収益力で借入返済が可能と判断される場合は，金融機関が承継者に対し経営者保証を求めない，あるいは減額する等の選択をすることも考えられる（『経営者保証に関するガイドライン』の経営者保証の必要性に関する検討より）。

M&Aの場合においても，収益性の向上は企業の「のれん」の価値を上昇させることで企業の買却価値を引き上げる効果がある。

③　事業承継計画の策定と実行

親族外承継の場合の最も重要な点は，承継者側の資金調達と経営者保証の引継ぎの処理である。

上記①～③の3つのステップを確実に踏むことによって，事業承継は円滑に進行する。

(4)　資金調達の問題への対処法

①　現経営者の親族内に後継者がいない場合，非同族の会社幹部（1人ないし数名）がオーナーの保有している株式を買い取る選択肢

この場合，多くは後継者が自己資金の中から株式を買い取るが，十分な資力がない場合は「中小企業における経営の承継の円滑化に関する法律」に規定する都道府県知事の認定を受けることによって，日本政策金融公庫から低利での資金調達を受けることもできる。

また，従業員持株会を作り，そのメンバーに株式を取得させる（売価は配当還元方式の採用が認められているので通常の時価より割安）ことにより，自身が買い取る株式数を減らすこともできる。

一定の規模を有する中小企業においては，後継者がⓐ会社を設立し（自身が

株主となる)，ⓑその会社が株式の買取資金を金融機関等から調達し，ⓒ株式買取り代金としてオーナーに支払う，というケースが増えている。これをMBO（Management Buy Out）という。

(注) 親族外承継者が個人で株式を買い取る場合と会社を設立して株式を買い取る方法の2つを含めてMBOという場合もある。

②　会社を設立して株式を取得するしくみ（MBO）

このしくみは，事業会社のキャッシュフローで資金調達するものである。3つのステップを踏むことになるが，その内容と金額を以下で例示する。

（第1ステップ） 承継者が1,000万円出資して株式会社を設立する（株式の100％をオーナーが所有する）。
（第2ステップ） 新設した株式会社が金融機関より1億9,000万円を借り入れる。
（第3ステップ） 新設した株式会社が事業会社の株主（事業承継を希望しているオーナー）より2億円で買い取る。新設会社が事業会社の株主となるので，実質上承継者が事業会社の代表となって事業会社の経営権を握ることができる。

新設した買取会社の元利の支払いは事業会社から得られるキャッシュフロー（株主配当金）で賄われることになる。

少ない元手（1,000万円）で2億円という大きな買い物ができるので，このような手法を「レバレッジ（梃子（てこ））を効かせる」という。

この手法の成否は事業会社のキャッシュフローが安定して継続するか否かにかかっているので，大きなリスクを伴う手法といえる。

(5)　親族外承継の場合の個人保証の引継ぎへの対処法

親族以外の会社役員が事業承継する場合，会社借入に見合う個人財産に乏しく，担保差入を行えないことも多い。加えて，多額の保証債務を引き継ぐことに対する心理的負担も大きい。個人保証での引継ぎに承継者の配偶者が反対し，事業承継が頓挫することも多い。この点を解決するために，以下の取組みが行われる。

■親族外承継を円滑に進めるための取組み

① 年数をかけて計画的に債務を圧縮しておく。

② 「経営者保証に関するガイドライン」をもとに，後継者の債務保証軽減を金融機関と粘り強く交渉する。

③ 個人保証の問題が解決しない場合は，後継者の役員報酬を引き上げる。

④ 場合によっては，従来の借入金の保証は当面そのままにして借入金の返済を続け，新規の借入金について後継者が保証することに段階的に切り替えていく。

参考『経営者保証に関するガイドライン』（中小企業庁）からの要約

経営者保証の必要性に関する検討

金融機関は以下の要件を充足する債務者について経営者保証を求めない可能性を検討する。

① 法人と経営者の資産・経理が明確に分離されていて，両者間の資金のやりとりが社会通念上適切な範囲を越えていないこと。

② 法人の資産・収益力で借入返済が可能と判断し得ること。

③ 経営者などから適時適切な企業情報の提供があること。

既存の保証契約の適切な見直し

① 事業承継において，金融機関は，前経営者が負担する保証債務は後継者に当然に引き継がせず，必要な情報開示を得た上で改めて経営者保証の必要性などを検討します。

索　引

英数

あ

か

さ

た

な

は

ま

や

ら

◆本書に事例を提供いただいた会計事務所・企業一覧

	会計事務所・企業名	郵便番号	住　　所
1	有限会社経理センター	047-0021	北海道小樽市入船4-5-5
2	税理士法人オホーツクネクスト経営会計	093-0016	北海道網走市南六条西2-4-1　フロムワンビル東館2F
3	株式会社アームズコンサルタンツ	044-0077	北海道虻田郡倶知安町字比羅夫5-5
4	日本アシスト会計グループ	001-0031	北海道札幌市北区北31条西4丁目1番2号
5	税理士法人中野会計事務所	045-0032	北海道岩内郡共和町老古美83-88
6	税理士法人斉藤税務会計事務所	060-0807	北海道札幌市北区北七条西7-1-34
7	大久保輝彦税理士事務所	034-0012	青森県十和田市東一番町2-57
8	株式会社若山経営	030-0944	青森県青森市筒井八ツ橋1372-1
9	辻・本郷税理士法人　仙台事務所	980-0021	宮城県仙台市青葉区中央3-2-1　青葉通りプラザ2階
10	池田税務会計事務所	300-0847	茨城県土浦市卸町1-1-1　関鉄つくばビル2F
11	荷口経営会計事務所	310-0805	茨城県水戸市中央1-3-38 水戸南第2中央ビル3階
12	税理士法人小林会計	321-0968	栃木県宇都宮市中今泉4-30-8
13	井熊会計事務所	371-0014	群馬県前橋市朝日町4-10-2
14	寺山智久税理士事務所	366-0042	埼玉県深谷市東方町2-25-7
15	税理士法人キャンバス	362-0037	埼玉県上尾市上町1-1-15 市川ビル5F
16	税理士法人新日本経営	330-0062	埼玉県さいたま市浦和区仲町1-11-12 さくらビル浦和I-3階
17	株式会社日本建設不動産データ	121-0823	東京都足立区伊興3-16-1
18	税理士法人小林会計事務所	222-0033	神奈川県横浜市港北区新横浜2-6-13 新横浜ステーションビル1F
19	株式会社新潟経営支援センター	940-0083	新潟県長岡市宮原3-12-16
20	本田百合子公認会計士・行政書士事務所	937-0041	富山県魚津市吉島1-12-5
21	株式会社サクセスブレイン	920-0364	石川県金沢市松島2-191 COMビル3F
22	有限会社バンブー21	914-0811	福井県敦賀市中央町1-8-33
23	大城会計事務所	411-0801	静岡県三島市谷田173-23
24	浜松建設事務センター	430-0901	静岡県浜松市曳馬6-25-36
25	税理士法人スマッシュ経営	472-0035	愛知県知立市長田1-11
26	税理士法人中川会計	524-0021	滋賀県守山市吉身2-6-20
27	株式会社大辻経営	522-0041	滋賀県彦根市平田町410-6
28	株式会社カムイ総合経済研究所	604-8381	京都府京都市中京区西ノ京職司町67-76
29	株式会社廣木会計事務所	541-0054	大阪府大阪市中央区南本町1-8-14 堺筋本町ビル3F
30	有限会社エム・エス・アイ	722-0032	広島県尾道市西土堂町1-15
31	税理士法人サクシーズ	730-0013	広島県広島市中区八丁堀6-11　グレイスビル2F
32	株式会社マスエージェント	770-0002	徳島県徳島市春日2-3-33
33	有限会社経営支援事務所フィールドイン	814-0001	福岡県福岡市早良区百道浜3-4-10-1102
34	行政書士みゆき法務事務所	812-0897	福岡県福岡市博多区半道橋1-13-17-201
35	白川公認会計士事務所	849-1311	佐賀県鹿島市大字高津原750
36	株式会社IGブレーン	850-0035	長崎県長崎市元船町14-10 橋本商会ビル4F
37	石井税理士事務所	850-0056	長崎県長崎市恵美須町7-21 恵美須マンション2F
38	税理士法人村田経理事務所	857-0033	長崎県佐世保市城山町2-4
39	税理士法人ユース会計社	860-0081	熊本県熊本市西区京町本丁4-43
40	有限会社エヌ・エム・シー	882-0803	宮崎県延岡市大貫町1-3008-26
41	株式会社吉田経営	892-0803	鹿児島県鹿児島市祇園之洲町5

〈著者紹介〉

澤邉　紀生（さわべ　のりお）

京都大学大学院経済学研究科・経営管理大学院教授　博士（経済学）
1990年京都大学経済学部卒業。立命館大学経営学部専任講師，九州大学経済学部助教授を経て，2007年より現職。
（主な著作等）
『アメーバ経営学―理論と実証』共編著，KCCSマネジメントコンサルティング，2010年
『次世代管理会計の礎石』共編著，中央経済社，2015年
『アメーバ経営の進化―理論と実践』共編著，中央経済社，2017年
『計算と経営実践―経営学と会計学の邂逅』共編著，有斐閣，2017年
Management Controls and Pressure Groups: The Mediation of Overflows, *Accounting, Auditing & Accountability Journal*, 31(6), 2018, pp. 1644-1667, co-authored with Stephen Jollands and Chris Akroyd.
Core Values as a Management Control in the Construction of 'Sustainable Development,' *Qualitative Research in Accounting & Management*, 12(2), 2015, pp. 127-152, co-authored with Stephen Jollands and Chris Akroyd等.

吉永　茂（よしなが　しげる）

公認会計士・税理士　京都大学経営管理大学院特命教授
1967年中央大学第一商学部会計学科卒業。2009年より熊本学園大学会計専門職大学院専任教授（2012年まで）。現在，一般社団法人コンサル技連代表理事を務める。
（主な著作等）
『中小建設業これで会社は立ち直る―経営再建の基礎知識』日刊建設工業新聞社，2003年
『改正経営事項審査のポイントと対策』日刊建設工業新聞社，2008年
コンピュータプログラムに関する経験も長く，著者が2020年に制作した経営支援のためのクラウドソフト（「経営メダリスト」）には，著者が特許権を有する「M&Aマッチング装置及びプログラム」，「補助金，助成金の受給可能性の判断支援装置」が組み込まれている。

会計事務所の経営支援―経営会計専門家の仕事―

2020年11月1日　第1版第1刷発行
2021年3月30日　第1版第2刷発行

著者　澤邉紀生
　　　吉永茂
発行者　山本継
発行所　(株)中央経済社
発売元　(株)中央経済グループパブリッシング

〒101-0051　東京都千代田区神田神保町1-31-2
電話　03 (3293) 3371 (編集代表)
　　　03 (3293) 3381 (営業代表)
https://www.chuokeizai.co.jp
製版／三英グラフィック・アーツ(株)
印刷／三英印刷(株)
製本／(有)井上製本所

ISBN978-4-502-35701-5　C3034